歴史文化ライブラリー
427

化粧の日本史
美意識の移りかわり

山村博美

吉川弘文館

目　次

近代化が変える化粧　明治時代

人はなぜ化粧をするのか――プロローグ

キャンバスは顔

テレビでは、日々、覚えきれないほど化粧品のCMが流れ、女性誌のページをめくれば、きれいになるノウハウを散りばめた、化粧の特集記事が毎号のように載っている。今では化粧品は、百貨店や化粧品専門店だけでなく、コンビニエンスストアや一〇〇円ショップでも気軽に買える商品になってきた。

現代人の日常生活に溶け込んでいる化粧だが、いざ、過去の変遷をたどるとなると意外と難しい。その大きな理由は、化粧のキャンバスになるのが生きている人間の「顔」や「からだ」だという点にある。たとえば、多くの女性は外出前などにファンデーションや口紅をつけるが、それらは一日の終わりには洗い落とされてしまう。日々おこなう化粧は、あとに残らないのが普通なのである。

これは今も昔も変わらないので、写真が普及する前の時代では特に、その実態を調べる資料は限られてしまう。その上、化粧品は消耗品なので、長い時を超えて中身や容器が残っていることはまれである。

「生《なま》の資料が残らない」点において、同じファッションのカテゴリーに属する衣服とくらべても、化粧は研究する上で、あいまいさの多い分野といえるだろう。

過去の化粧をひもとこうとする場合、法律や政治関連のように体系的にまとめられた資料はほぼないに等しい。しかしその一方で、化粧は人のからだに直接関わるものだけに、文学作品や絵画、芸能、教育、風俗習慣など幅広い分野にまたがって、関連するエピソードが断片的に浮かび上がってくる。

化粧の変遷をたどるのは、そうした断片を拾い集めながら、欠けの多いパズルのピースを組み合わせるようなもので、学問としては長い間注目されてこなかった。文化としての化粧に着目した研究が本格的に始動したのは昭和五十年代以降と、まだまだ研究の歴史は浅い。

本書では、化粧にまつわる小さなエピソードを積み重ね、日本の化粧が有史以来どのような変遷を経て現代に至ったのかを、社会の動きと関連づけて、時代ごとにコンパクトにまとめてみた。

通史にしたのは、化粧の位置づけや化粧法、化粧の美意識などの時代による差異を、前後と比較しながらみることで、日本人と化粧、そして化粧と社会との関わりが、一連の流れとなって、よりわかりやすく浮かび上がるのではないかと考えたからである。

また、これまであまりとりあげられなかった昭和二十年以降、いわゆる戦後の化粧についても、メイクアップを中心に昭和の終わりまでを一〇年単位で概括し、それらの化粧が流行する背景となった社会現象とともに考察した。

化粧の目的

本論に入る前に、人間にとって化粧がどのような意味を持つかを、まず考えてみたい。その前提となるのが化粧の定義である。

化粧を広い意味での身体加工ととらえるなら「入浴、洗髪、洗顔などでからだを清潔にする。髪を含む体毛を切り、結い、縮れさせる、あるいは抜くなどの加工をする。入れ墨や瘢痕文身《はんこんぶんしん》のように洗い落とせない身体変工をする。顔やからだの表面を紅《べに》や白粉《おしろい》などで彩色する。液体や軟膏などを塗って体表の手入れをする。美容整形などの医療行為によってからだの一部の形を変える」などが化粧に該当する。

すなわち、時代や国・地域・民族によって化粧の基準は変わっても、世界中で化粧をしない民族はいないといっていいだろう。衣服を身にまとうのと同じように、化粧は人間だけが何らかの意図を持って、意識的におこなう行為なのである。

それでは人はいったい何のために化粧をするのだろう。化粧の目的は人によって異なるが、第一は、「美しくなりたい」という、人間の持つ本能的な美的欲求を満たすためということができる。なぜ美しくなりたいかをさらに問えば、「身だしなみを整えたい」「異性の気をひきたい」「変身したい」など、消極的なものから積極的な動機まで、無数の理由が出てくるだろう。

「美しくなりたい」という以外にも、化粧の目的はいくつもある。そのひとつが、顔やからだを自然環境から保護するなど実用目的の化粧である。古代エジプトでは、目のまわりにコールとよばれる黒や灰色のアイラインをつけた。この化粧には美的効果のためだけでなく、まぶしく強い太陽光線から目を保護する目的があったという。現在でいえば、野球選手が、まぶしさを減らすために目の下に塗るアイブラックのような発想だろう。

また、極寒の地に住むイヌイット（エスキモー）が、寒さから肌を保護するために、あざらしなどから採取した油をからだに塗るのも、実用目的の化粧といえる。

さらに、化粧は特定の集団への帰属、身分や階級、年齢、未既婚などを区別する社会的な表示機能を持つこともある。日本の江戸時代における女性の化粧がまさしくこれに該当し、化粧をみると、女性の身分や未既婚の区別、子どもの有無などがわかった。

このほか、宗教的・呪術的な目的で化粧がおこなわれることもある。日本では、祭りなど神事の際にする稚児《ちご》の化粧がそうで、子どもが神の降りる「よりしろ」としてあつかわれたなごりといえる。

化粧はこうしたさまざまな目的が、単独で、あるいはいくつも組み合わさっておこなわれてきたと考えられている。

一般に文明が進化した社会では、化粧は美しくよそおうことを目的になされることが多くなる。日本の化粧も、最初は呪術的・宗教的な目的でおこなわれていたのが、発達の過程で次第に美意識の発露がみられるようになったのだろう。

化粧からみえるもの

本書では、日本の化粧の変遷をたどる上で化粧の範囲を限定した。化粧を広い意味でとらえれば、先に述べたように身体加工全般があてはまる。

しかし、ここでは狭義の意味で、現代の私たちが一般に「化粧」という言葉から思い浮かべる「人が顔に紅や白粉などを塗る行為。眉毛の処理。あるいは顔の肌のお手入れ（スキンケア）」ととらえ、そうした化粧が文献から確認できる古墳時代を化粧のはじまりとした。そのため、入れ墨や瘢痕文身などの身体変工、ヘアケアや首から下のボディケアなど顔以外の部位にほどこす化粧、美容外科・美容皮膚科など医療に該当する分野はとりあげていない。

そして、狭義の化粧のなかでも、口紅や頬紅、白粉のように、外見からみて特徴がわかりやすいメイクアップを中心に、時代ごとの変遷を追った。スキンケアについては、時代による美意識や化粧法の変化などを語る上で欠かせない、重要な部分だけにとどめたことをあらかじめ断っておく。

現在の私たちは、自分の好みに合わせて自由な化粧を選んでいると思っており、それが国や地域の文化、そして時代の価値基準などに左右されていることをあまり意識していない。しかし、実際には、化粧は私たちをとりまく社会によって、さまざまな意味を与えられてきた。

例をあげると、江戸時代ではあたりまえだったお歯黒《はぐろ》化粧が、現代人には奇異に感じられるのも、当時の化粧が現代とは異なった意味づけをされており、それが時代の美意識に影響を与えていたからである。

過去の化粧をたどることは、その時代に生きた人々の意識や暮らしの一端を知ることでもある。たかが化粧、されど化粧。顔という小さなスペースに展開する化粧から、それぞれの時代の、どのような景色がみえてくるのだろう。

本書では、古代から中世、江戸、明治、大正から昭和前期、戦後の五つの時代区分に沿って、その変遷をひもといていきたい。

なお、本文中に引用した資料において、原文の漢字表記は旧字体から常用漢字に改め、必要と思われる箇所にはふりがなを追加した。

化粧の黎明期

古代から中世

基本の三色の登場——古墳時代から奈良時代

大陸文化の影響

四方を海に囲まれた島国の日本は、古代から文化の進んだ中国や朝鮮半島との人や物の交流を通して、文字をはじめ政治の仕組みや法律、宗教、衣服、生活様式など、もろもろのものを取捨選択しながら吸収してきた。化粧品の製法や化粧法も同様に最初は大陸経由でもたらされたと考えられている。

大陸の影響をうけた化粧が、日本独自の化粧へと変化するのは平安中期のことである。宮廷文化が洗練される過程で、支配階級である貴族たちによって、白粉《おしろい》・紅《べに》・お歯黒《はぐろ》・眉化粧などの、日本の伝統化粧の基礎が築かれた。その化粧は、政治の実権が貴族から武家へ移行した鎌倉・室町時代にかけて、武家階級にも受け継がれていった。

日本の伝統的な化粧に使われた色は、基本的に白・赤・黒の三色だった。白は白粉、赤は口紅や頬紅、そして黒はお歯黒と眉化粧の色である。この三色は、西洋の化粧が日本に入ってくるまで、千年以上にわたって日本の伝統化粧の基本色になった。

江戸時代より前の化粧に関する資料はきわめて少ないが、この章では、現存する文献や絵画資料などをつなぎ合わせて、中世までの化粧の移り変わりをみていこう。

化粧のはじまり

化粧についての記述がある最も古い文献は、日本では八世紀前半に成立した『古事記』『日本書紀』や、七世紀後半から八世紀後半の和歌を集めた『万葉集』などである。これ以前の資料は日本にはないが、中国の史書『魏志《ぎし》』倭人伝《わじんでん》には、さらに古い三世紀の倭人（日本人）の風俗が記されている。

『魏志』倭人伝によると、「朱丹《しゅ》を以って其の身体に塗る、中国の粉《おしろい》を用うるが如きなり」とある。朱丹とは水銀朱（硫化水銀）などの赤い顔料を指すことから、この頃には、顔やからだに白粉のように赤い顔料を塗る、「赤の化粧」がおこなわれていたということができる。

時代が下がって五、六世紀の人物埴輪《はにわ》には、目のまわりや頬などに赤い彩色をほどこしたものがみられ、古代人が儀式において、赤い色を顔に塗っていた習慣を埴輪に映したと

図1　巫女の埴輪
（6世紀中葉から後葉，上野塚廻り古墳群出土，国〈文化庁〉所管，群馬県立歴史博物館写真提供）

考えられている（図1）。

古墳時代の赤色顔料には、水銀朱やベンガラ（酸化鉄）などが使われた。これらの顔料は古墳の内装に用いられたり、ひつぎに敷きつめられたりすることもあったが、それだけでなく、死者のからだに塗ることもあった。こうした施朱《せしゅ》の風習は日本だけでなく、原始・古代社会においては世界各地でおこなわれていた。

赤は太陽の色であり、あかあかと燃える火や、したたり落ちる血液を連想させる象徴的な色である。古代人にとって、赤は死者の魂をしずめ、その再生を願うなどの呪術的な意味を持つ神聖な色でもあった。それと同時に、顔を赤く彩色することは、生きている人間にとって魔除けの意味があったといわれている。

一方、『魏志』倭人伝には「黒歯国有り《こくしこく》」という表現で、歯を黒く染める「お歯黒」の風習を連想させる記述もあることから、場所の特定はできないものの、日本にお歯黒をしていた地域があったと推測されている。

お歯黒は鉄漿《かね》ともいわれ、南方系の民族が日本に渡来した際に持ちこんだという説や、日本で独自に発達したという説、さらにはインドから中国や朝鮮半島を経由して伝わったなどの諸説があるように、その起源ははっきりしない。

日本の文献では、『古事記』の応神天皇の代に、解釈次第で若い女性のお歯黒を連想させる記述はあるものの、はっきりその存在がわかるのは、平安時代中期の『和名類聚抄《わみょうるいじゅしょう》』を待たなければならない。

『和名類聚抄』は、承平年間（九三一―三八）に編纂された日本最古の漢和辞典である。そこでは「黒歯」のことを俗に「波久呂女《はぐろめ》」といい、「今婦人有黒歯具（今婦人に黒歯の具あり）」と記されている。すなわち、当時お歯黒をしている婦人がいて、それに使う道具があったというのである。しかし、ここに至るまでの過程を示す文献資料はなく、「黒の化粧」のお歯黒の成立過程には、実は謎が多い。

「黒の化粧」には、お歯黒だけでなく眉化粧もある。『古事記』では、これも応神天皇の代のこととして、若い娘の眉の様子を「眉書《まよが》き濃《こ》に書き垂れ（眉を濃く尻下がりに書いた）」と表現していることから、遅くとも『古事記』が成立した和銅五年（七一二）頃には、眉を描く化粧がおこなわれていたのは確かだろう。

赤、黒に続いて「白の化粧」の白粉が最初に登場するのは、『日本書紀』の持統天皇六年（六九二）。奈良の元興寺《がんごうじ》の観成《かんじょう》という僧が「鉛粉《えんふん》（鉛白《えんぱく》、鉛《なまり》白粉のこと）」をつくって女帝の持統天皇に献上したところ、天皇がその白粉をほめて、ほうびを与えたというのである。これが文献に残る最古い白粉製造の記録である。

鉛を材料にした白粉は、中国では後漢（二五―二二〇）の頃にはすでに使われていたので、この白粉製造の技術も大陸からもたらされたと思われる。

顔やからだに塗った赤、眉やお歯黒の黒、そして白粉の白。日本の化粧はこの三色を基本にして発達していった。

唐を模倣する

日本が大陸の進んだ文化を学ぶため、海をへだてた隋《ずい》に遣隋使を派遣したのは飛鳥時代、推古天皇八年（六〇〇）からだった。隋が滅んだあとは唐《とう》へ遣唐使が派遣され、持ち帰ったさまざまな知識や技術は国づくりの手本になった。

飛鳥時代や奈良時代（七一〇―七八四）は、大陸の文化を積極的に吸収しようとした時期だった。目にみえる唐風化の例では、女性の衣服や髪型など、ファッションの分野にも大陸の様式が取り入れられている。となれば、化粧も唐を模倣したと考えるのが自然だが、それを検証する手がかりは少ない。この時代には、わずかに残る絵画が当時の化粧を推測する貴重な資料になっている。

そのひとつが藤原京期（六九四―七一〇）に築造された、高松塚《たかまつづか》古墳の西壁女子群像で、細めの眉に赤い唇をした飛鳥美人が描かれている（図2）。水銀朱で彩色されたその唇はひときわ赤く、まるで口紅をつけているようにみえる。しかし、東壁に描かれている男性の唇も同じように赤いので、残念ながら壁画の女性が化粧しているとは言い切れない。

次に、奈良時代を代表する絵画「鳥毛立女《とりげりつじょのびょうぶ》屏風」に注目してみよう。天平勝宝八年（七五六）の東大寺献物帳に記載された「鳥毛立女屏風」（図3）は、日本でつくられたにもかかわらず、六扇に描かれた六人の女性たちは皆、唐代に美人とされた豊満なからだつきである。

どの女性も唇と頬が赤く、弓なりの眉（うち四人は眉尻が途中で途切れている）をして、額の中央には花鈿《かでん》、唇の両端にはえくぼのような靨鈿《ようでん》が描かれている。これらはいずれも

図２　高松塚古墳　西壁女子群像（国〈文部科学省〉所管）

図３　「鳥毛立女屏風」第４扇（正倉院宝物）

唐のメイクアップの特徴をそなえており、よく似た化粧をした絵画が、中国トルファンの唐代墳墓などにみられることから、「鳥毛立女屏風」の化粧は唐の模倣ということができる。

中国の美意識

ここで、日本に影響を与えた中国の美意識をみてみよう。紀元前十一世紀から紀元前六世紀頃までの作品を集めたといわれる中国最古の詩集『詩経《しきょう》』には、「碩人《せきじん》」（「美人」のこと）をよんだ詩がある。そのなかに「膚《はだ》は凝脂《ぎょうし》の如し」という一文があるように、中国では、白くなめらかな肌は古来より凝脂（固まった脂肪、ラード）にたとえられ、美人の条件でもあった。

この美意識は時代が下がっても変わらず、肌を白くする白粉は、中国では紀元前から使われていた。ところが、唐代には白い肌の美意識は変わらず続いていたものの、前後の時代とくらべて、白粉を塗った上から頰紅を極端に赤くつける化粧が流行した。唐の文化にあこがれた日本の宮廷でも、「鳥毛立女屛風」が描かれた頃、同じように頰や唇を赤くしたメイクが、宮廷女性の間でおこなわれていたとしても不思議ではない。

「鳥毛立女屛風」において、頰や唇の赤を強調した化粧と並んで特徴的なのは、太く弧を描いた眉である。実は、日本の文化に大きな影響を与えた唐代は、女性が眉化粧に非常にこだわった時代だった。眉墨《まゆずみ》で流行の眉を描くのは、女性にとっておしゃれの重要なポイントで、多種多様な眉の描き方があったという。

楊貴妃《ようきひ》を寵愛したことで知られる玄宗《げんそう》皇帝も、眉の形を十種類に分類した「十眉《じゅうび》図」を画工に描かせている。眉の名は鴛鴦《えんおう》（八字）眉、小山（遠山）眉、五嶽眉、三峰眉、垂《すい》

図4　吉祥天像（薬師寺所蔵）

珠《しゅ》眉、月稜《げつりょう》（却月《きゃくげつ》）眉、分稍《ぶんりょう》眉、涵《かん》烟《えん》眉、払雲《ふつうん》（横烟《おうえん》）眉、倒暈《とううん》眉の十種類。残念ながら名前しか残っていないので、それぞれの具体的な形は不明だが、眉化粧の多様さと皇帝の眉への執着ぶりはみてとれる。

それでは、奈良時代の日本における眉の美意識はどのようなものだったのか。『万葉集』から眉の表現を抽出すると、大伴家持《おおとものやかもち》の「振仰《ふりさ》けて若月《みかづき》見れば一目見し人の眉引《まよびき》思ほゆるかも」をはじめ、「三日月の眉根《まよね》」「柳の眉《まよ》し」「青柳《あおやぎ》の細き眉根」などと、美しい眉は三日月や柳の葉にたとえられた。三日月や柳の葉は、どちらも長く弧を描いた形で、「鳥毛立女屏風」や「薬《やく》師寺吉祥天像《しじきちじょうてんぞう》」（宝亀二年頃〈七七一〉）（図4）の眉に通じるものがあることから、これらの絵画は当時の眉の美意識を表現していると考えられる。

唐風から国風へ——平安時代

唐を模倣していた文化は、平安中期になる頃には日本的なものに消化され、いわゆる国風文化が発達していった。その背景には、藤原一族の摂関政治が確立して国政が安定し、日本独自の文化がはぐくまれる土壌が生まれたことがあげられる。また、九世紀末の遣唐使の廃止もきっかけのひとつになった。唐との公式な文化交流が途絶えた結果、それまで吸収した大陸文化を土台に、日本の風土や日本人の感覚に合った、新しい美意識が生み出されたのである。

宮廷女性の黒化粧

その役割を担ったのが宮廷貴族たちだった。女性の装束は、「鳥毛立女屏風」にみられる上衣とスカートの組み合わせが、十二単《じゅうにひとえ》（女房装束）につくりかえられた。そしてボリュームのある十二単とバランスをとるように、髪型は結い上げた唐風の髷《まげ》から、背中に流れ落ちる垂髪《すいはつ》へと変化した。

平安時代は、化粧においても、赤・白・黒の三色からなる伝統化粧の基礎が築かれた時期だった。平安中期に書かれた『源氏物語』をはじめとする宮廷文学からは、数は少ないものの、白粉やお歯黒をつけ、眉の化粧をする宮廷女性の姿が浮かび上がる。この時代に化粧品は貴重品であり、化粧ができたのは貴族や地方豪族といった支配階層が中心だろう。

三色の化粧のうち「黒の化粧」は、『源氏物語』において、のちに光源氏の妻になる紫の上の少女時代にその描写がある。源氏が手元に引き取る前の紫の君は「眉のわたり、うちけぶり」（若紫）と、自然のままのほんのりとした眉だった。それが引き取ってしばらくして、源氏の指示でお歯黒をして眉の手入れをさせたところ、「眉のけざやかになりたるも、美しう清らなり」（末摘花《すえつむはな》）、つまり眉がはっきりして美しくなったとある。

当時の眉化粧とは、眉を毛抜きで取り去り、眉墨で新たに眉を引く（描く）化粧だった。この時、紫の君は十歳前後。もうお歯黒や眉化粧をする年齢だったのである。

逆にいえば、貴族の女性が年頃になってもお歯黒や眉化粧をしないのは非常識だった。『堤中納言《つつみちゅうなごん》物語』（平安時代後期から鎌倉時代初期成立）の一編、「虫めづる姫君」のエピソードがそのことを示している。

「虫めづる姫君」の主人公は、きれいな蝶よりも醜い毛虫をかわいがる一風変わった姫君である。彼女は自然のままがいいと眉毛を抜かず、お歯黒もせず、真っ白な歯をみせて笑うので、そばに仕える女房たちから変わり者あつかいされていた。姫君を垣間見《かいまみ》した男も、姫君がお歯黒をしていないので色気に欠けると評している。

このことから、貴族の間では化粧があたりまえになっており、なかでもお歯黒や眉化粧は、大人の女性の美しさをあらわす大切な化粧だったことがわかる。

図５　直線的な眉（『源氏物語絵巻』夕霧，部分，五島美術館所蔵）

『源氏物語絵巻』（平安時代末期）（図５）などの絵巻物から眉をたどると、その形は奈良時代の「鳥毛立女図屏風」のような弧を描いた形から、太く直線的な形へと変化している。また、お歯黒はそれ自体が同時代の中国や朝鮮半島にはみられない化粧なので、「黒の化粧」のお歯黒や眉には、日本独自の美意識の発露がみられるといえるだろう。

特権階級の白い肌

ところで『源氏物語』では、容姿の美しさを語るのに「白う美しう」（柏木）、「御色はいと白く、光るやうにて」（御法《みのり》）などと、肌の白さがとりあげられており、国文学者などの研究者の間でも、肌の白さが、多くの場合、美しさの表現として用いられていたと考えられている。

『源氏物語』の成立より少し前の永観二年（九八四）に、日本最古の医学書『医心方《いしんぽう》』が朝廷に献上された。『医心方』は、隋や唐の膨大な医学書から選んだ処方を、宮中医官丹波康頼《たんばのやすより》が三〇巻にまとめたものである。

このなかには毛生え薬、髪に光沢を与える処方、白髪染めなど、ヘアケアの処方が数多く含まれている。髪にまつわる処方が多いのは、平安時代に豊かな黒髪が美人の条件だったことを考えれば納得できる。

注目すべきは、色白の美肌にする内服薬や、顔につけて肌を白くする現代の化粧品のような処方もあり、それらが「美人になる方法」の章に含まれていることである。髪関連にくらべれば数はずっと少ないが、「美人」と「肌の白さ」が結びついているあたり、『医心方』が編纂された頃の日本に、すでに白い肌に対する美意識があったと推測できる。

肌の白さは、日に焼ける労働をしない高貴な身分のあかしであり、同時に、当時は貴重だった白粉を手にすることができる富裕な階層に属していることを意味していた。いわば白い肌は、特権階級の人間にしか許されないステイタスシンボルだったのである。

白い肌を美しいと考える美意識は、古代から洋の東西を問わず存在していたが、それは白い肌が意味する希少性に人々があこがれ続けたからにほかならない。

その白い肌をつくるために用いる白粉は、平安時代には「しろきもの」「白い物」「はうに（ハフニ、鉛白粉のこと）」などといわれ、鉱物性の鉛白粉のほか、もち米や粟《あわ》などを粉にしたものもあった。これらを使って、貴族の女性がどのように白粉化粧をしたのかは気になるところだが、それがわかる資料はなく、当時の貴族の暮らしから想像するしかない。

平安時代の貴族の邸宅は、寝殿造りでひさしが長く、光が入りにくい構造だった。その上、照明に用いた灯台《とうだい》（灯油に灯心をひたした器具）は、現代と違って薄暗かった。外出の機会が少ない貴族の女性にとって、生活の中心は屋敷のなかにあり、化粧は室内で映えるものだったのではないだろうか。

一般に、化粧は美的バランスを考えておこなう行為である。薄暗い室内で、存在感のある長い黒髪や、お歯黒や眉化粧の「黒の化粧」との美的バランスをとるなら、当時の化粧は白粉を濃くして顔の白さを引き立たせる、コントラストのはっきりした化粧だったのではないかと個人的には思っている。

謎の残る紅化粧

先に紹介した平安中期の漢和辞典『倭名類聚抄』には、「赤の化粧」として「赬粉《ていふん》」が載っている。「赬粉」の和名は「閉迩《べに》」で、意味は「頬につける赤い粉」。すなわち頬紅である。中国でも唐代には紅花《べにばな》の紅が化粧に盛んに使われていたので、中国を模倣した日本でも、白粉を紅花などで赤く染めて、頬紅にしたのだろう。

この『倭名類聚抄』には、頬紅のほかにお歯黒、眉墨、白粉が具体的な化粧の項目として載っているが、口紅については記載がない。それだけでなく、当時の女流文学にも、口紅をつけているとはっきりわかる表現は不思議と出てこない。

それでは口紅がなかったのかといえば、有職故実書《ゆうそくこじつ》の『江家次第《ごうけしだい》』（天永二年〈一一一一〉）に、化粧道具として「口脂筥《こうしばこ》（口紅の箱）」が載っているので、平安後期には口紅に相当するものもあったと思われる。

当時の紅化粧については、『源氏物語』の「常夏《とこなつ》」に、近江《おうみ》の君《きみ》が甘く下品な香《こう》を着物にたきしめ、さらに「紅といふもの、いと赤らかにかいつけて」と、頬紅を赤々と濃くつける場面がある。『源氏物語』において、近江の君は田舎者で教養のない女性として描かれ、物語のなかでは道化役だったことを考慮するなら、紅を濃くつけるのは品位に欠ける化粧だったと思われる。おそらく『源氏物語』が書かれた平安中期には、奈良時代のように唇や頬の赤を強調した化粧はすたれ、紅は薄くつけるのがよいという美意識に変わっていたのだろう。

ところが、『源氏物語』から約一五〇年後の『久安四年記』（一一四八年成立）には、「女房の紅つくる様は面さきは赤く、囲りはにほいざまに淡く色を付く、白い物のみを付けて紅の淡きはわろきなり、近き代女房の化粧は古《いにし》へに皆相違す」とある。女官の頬紅のぼかし方を説明しつつ、白粉だけつけて頬紅が薄いのはよくない、昔と今では女官の化粧が違うというのである。

ということは、長い平安時代の間には紅化粧の濃淡に流行があり、『久安四年記』が書かれた頃には、美意識が変化して頬紅が濃くなっていたのかもしれない。

武家階級への広がり——鎌倉から安土桃山時代

化粧する公家男性

平安時代中期に女性がしていた化粧は、後期になると公家の男性にも広まった。有職故実書の『貞丈雑記《ていじょうざつき》』（天明四年〈一七八四〉）によれば、そのはじまりは鳥羽院（一一二九年から五六年まで院政をしく）の頃で、花園左大臣とよばれた風流人の源有仁《みなもとのありひと》が、女性をまねて眉を抜き、白粉やお歯黒、紅化粧をしたのが最初だといわれている。このほかに、院政期に盛んになった男色と関連づけて、若い公家の男性が化粧をしたという説もある。

室町時代になる頃には、天皇や公家の男子は、元服の前にお歯黒をつけ、眉毛を抜いて眉墨で眉をつくる儀式をおこなった。

化粧した公家男性は、『春日権現験記絵《かすがごんげんげんきえ》』（延慶二年〈一三〇九〉頃）（図6）や『長谷雄《はせお》草紙《ぞうし》』（鎌倉から南北朝時代の作か）などの絵巻物では、ひときわ白い肌や太い楕円形の眉を持ち、周囲にいる身分の低い者と区別されている。風流からはじまったといわれる公家男性の化粧は、いつしか高い身分や地位にあることを示す階級表示の意味を持ち、社会に定着したのだろう。

図6　『春日権現験記絵』（宮内庁三の丸尚蔵館所蔵）

　公家の男性からはじまった化粧は武家にもおよんだ。平安末期には武士が政治の実権を握ったが、代表的な武家集団である平氏と源氏のうち、先に権力の座についた平氏は、朝廷のある京都に居を定め、公家をまねて化粧をした。

　平氏の栄枯盛衰を記した『平家物語』（鎌倉時代成立）には、源氏との決戦に敗れた平氏の武将が、化粧した姿で登場する。

　平清盛《たいらのきよもり》の甥にあたる平敦盛《あつもり》は、源氏の武士熊《くま》谷次郎直実《がいじろうなおざね》に、一の谷の合戦で討ちとられた。この時、一六、七歳にみえた敦盛は薄化粧してお歯黒をしていた。また、平氏の武将薩摩守平忠度《さつまのかみたいらのただのり》は、源氏の武士と遭遇した時に、味方とあざむいて逃れようとしたが、源氏はしていないはずのお歯黒をつけていたので、敵方と見破られて討ちとられている。

武士のお歯黒

武家の男性の化粧も、基本は高い身分の武将がするもので、権威の象徴だった。武家の最高位にあたる将軍家の男子も、室町時代には公家と同じように元服前にお歯黒をつけた。一例をあげると、八代将軍足利義政《あしかがよしまさ》の次男足利義尚《よしひさ》は、文明五年（一四七三）十二月十九日に、数えの九歳で元服して将軍に就任したが、その少し前の十一月三十日に、お歯黒の祝いをしたと『蜷川親元日記《にながわちかもと》』に記されている。

誰もが知る武将では、足軽《あしがる》から成り上がったといわれる豊臣秀吉も化粧をした。天正十八年（一五九〇）の三月、天下統一を前にして小田原征伐に出陣した時、秀吉はお歯黒をつけていた。

さらに四年後の文禄三年（一五九四）、徳川家康などの有力武将や公家など、総勢五〇〇〇人を引き連れた吉野の花見では、お歯黒だけでなく眉まで描いていたと『太閤記』は伝えている。武士ではじめて、公家の最高位にあたる関白・太政大臣に登りつめていた秀吉は、盛大な花見の場で自らの権威を誇示するため、あえて身分の高さを強調する化粧をしたのだろう。

このような権威をあらわす化粧とは別に、お歯黒は、一部の地域では別の意味を持ち、身分にかかわらず、武士の間に浸透した。

室町時代末期に活躍した薩摩の戦国武将島津忠良《しまづただよし》の治世下では、月代《さかやき》をそらず、口をゆすがず、お歯黒をしないなどの行為は、侍の御禁制となり、守らない者は出仕停止もあったと『日新菩薩記《じっしんぼさつき》』に記されている。島津家中において、お歯黒は武士の日常のみだしなみだったのである。

また、東国では、小田原北条氏の武士たちがお歯黒をしていた。『北条五代記』によれば、侍は「賢臣二君に仕えず」の精神をお歯黒にあてはめて、「お歯黒の黒も不変の色である」と、忠義のしるしに老若ともに歯を染めたという。

ところが、時代が変わって江戸時代になると、武家の男性は化粧をしなくなった。理由ははっきりしないが、あえて推測するなら、戦乱の世が終わり、合戦のみだしなみという名目で化粧する必要性がなくなったことがあげられる。また、武家諸法度にあるように、華美をつつしみ倹約を規範とした江戸幕府の姿勢も、武家の男性から化粧を遠ざけた理由のひとつかもしれない。

その一方で、有職故実などの伝統文化を継承する、天皇や公家の男性は、明治政府から禁止される十九世紀後半まで、白粉やお歯黒、置き眉などの化粧を脈々と続けたのだった。

鎌倉・室町と、男性の化粧が軍記物などに散見されるのに対して、戦乱の世が続くこの時代には、女性の生活そのものが、男性の陰に隠れて表舞台に出てこなくなった。

礼法に組み込まれる

しかし、わずかに残る文献や絵画から、女性の化粧も時代を経るにつれ、貴族以外の身分や階層に少しずつ浸透し、高位の武家、裕福な家の女性、白拍子《しらびょうし》などの遊女のほか、一部ではあるが市井《しせい》の女性の間にも広がった様子がみてとれる。

室町時代になると、上流階級の成人のしるしとしておこなわれた「黒の化粧」は、男女ともに礼法《れいほう》に組み込まれ、はじめてのお歯黒や眉化粧をする時に、祝いの儀式をともなうようになった。たとえば室町時代中期の公卿万里小路時房《までのこうじときふさ》の日記『建内記《けんないき》』によると、時房は永享三年（一四三一）、娘が九歳になった時に、お歯黒と眉化粧の儀式をしている。この時は父親の時房が娘にお歯黒を三筆つけ、母親が眉を抜いてやり、そのあとで三献《さんこん》の祝いがおこなわれた。

一方、武家においては、室町時代に社会的地位が向上し、公家にならって身分格式に応じた独自の礼法が整備されはじめた。婚礼の儀礼もそのひとつである。公家が伝統的に婿取り婚だったのに対して、武家の間では、室町時代に嫁入り婚が一般的になった。

武家礼法の大家伊勢貞陸《いせさだみち》（一四六三―一五二一）は、武家の女性が輿入れする時の衣装や嫁入り道具、儀式の次第を『嫁入記《よめいりき》』に記したが、嫁入り道具のなかには、白粉や眉墨を入れる手箱やお歯黒道具などが含まれていた。婚礼調度をあつらえるような上流武家は、こうした礼法書を参考に、化粧品や化粧道具を持参したのである。

また、幕府の奥向きに仕える奥女中も、室町時代には決められた礼法に従って、お歯黒や眉化粧をしていた。『大上臈御名之事《おおじょうろうおんなのこと》』には、室町時代中期の大上臈の名や女房故実、礼法などが記されている。そこには、お歯黒をする年齢が九歳で、一五、六歳から儀式の眉をつくるとある。このことは、眉やお歯黒など、「黒の化粧」が武家の礼法に取り入れられて、奥女中の化粧にも、そのルールがおよんでいたことを示している。

当時の化粧を写したといわれるのが、女性の能面である。室町時代の作とされる「小面《こおもて》」や「孫次郎《まごじろう》」（どちらも品位のある若い女性の面）をよくみると、白い肌に紅をさしたような赤い唇をして、歯にはお歯黒をつけている。眉は面によって微妙に形は違うが、自

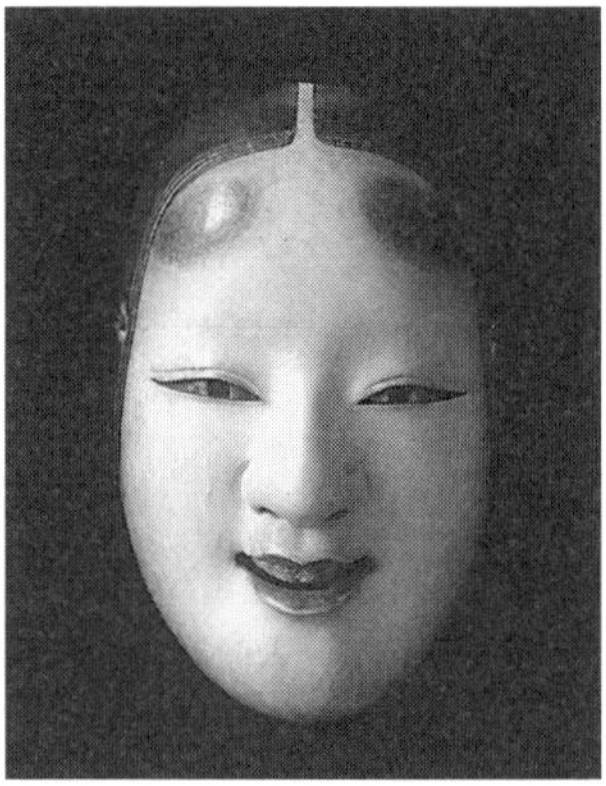

図７　能面　小面（花）
（室町時代，三井記念美術館所蔵）

図８　浅井長政夫人像（お市の方）
（持明院所蔵）

前の眉を抜き、額の生え際近くに太めに描かれている（図７）。

時代が下がって、安土桃山時代の「浅井《あざい》長政《ながまさ》夫人像（お市の方）」（図８）や「細川《ほそかわ》昭元《あきもと》夫人像（お犬の方）」も、同様に、額の生え際に近い位置に置き眉をしている。平安時代の『源氏物語絵巻』よりも、眉の位置が高くなっており、眉化粧が時代を経て少しずつ変わっていった様子がわかる。

女性の化粧については、ポルトガル人宣教師のルイス・フロイスが、興味深い記録を残している。フロイスはキリスト教布教のため、永禄六年（一五六三）に来日。約二〇年後の天正十三年（一五八五）、日本とヨーロッパの風俗全般を比較した小冊子を記した。邦訳の『フロイスの日本覚書』によると、ヨーロッパの女性が「立派で整った眉を誇りとする」のに対して、「日本の女性は、ただの一本も残さぬようすべて毛抜きで抜いてしまう」と日欧の違いが述べられている。また、「日本の貴婦人は、正装の際には額にいくらか黒い染料を塗る」とあるが、これは上流階級の女性が儀式などの正装時に描く眉化粧を指していると思われる。

ほかにも、日本の女性は「鉄と酢とで口と歯とを□のように黒くするように努める」（□部分は原文欠け）、「白粉を塗れば塗るほど、いっそう優美なものとみなす」などと、フロイスは、お歯黒や白粉化粧についてもよく観察していた。白粉については「シナから大量にそれが運ばれて来るのに、なお不足している」という記述もあり、中国からの輸入品が使われていた状況がみえてくる。

フロイスの記録は、十六世紀末の女性が白粉、お歯黒、眉化粧をしていたことを裏づけている。ただし、彼のいう「日本の女性」がどの階層を指すのかはあいまいで、この時点で化粧が庶民の間にどのくらい広まっていたかは、はっきりしない。

庶民の女性の化粧が文献や絵画からあきらかになるのは、戦国の世を経て、世の中が安定した江戸時代になってからである。

伝統化粧の確立

江戸時代

封建社会と女性の化粧

上流階級から庶民へ

徳川家康が江戸に幕府を開いたのは慶長八年（一六〇三）。江戸時代は幕藩体制のもとで、二六五年の長期にわたって、安定した政治が維持された時代である。十七世紀の前半から、幕府は基盤固めのために、武家を統制する武家諸法度の発布、キリシタン禁制や鎖国などの、政治や外交に関する政策を次々と打ち出した。経済面では全国で通用する貨幣を制定。さらに、江戸と各地を結ぶ街道や海路の整備をすることで、全国的な市場が成立して国内の産業が発展していった。

思想面では、儒教が幕藩体制を支える柱になった。儒教のなかでも官学になったのは朱《しゅ》子学《しがく》である。上下の身分秩序や礼節を重んじる朱子学の考え方は、武家政治の基本理念になっただけでなく、家族制度にもあてはめられ、父や夫が家長として権力を持ち、妻子を従える「家」制度が成立した。三従四徳《さんじゅうしとく》をはじめとする儒教の教えは女性の生き方の道徳規範になり、女性の化粧観にも少なからず影響を与えている。

十七世紀末から十八世紀初期にかけて、上方《かみがた》を中心に元禄文化が花開いたが、ファッションの表舞台に、豪商など経済力を背景にした富裕な町人が登場するようになったのが、この頃からである。江戸後期の文化・文政期（一八〇四―三〇）になる頃には、上方に遅れて発展した江戸でも、化粧が庶民の間にまで広まっていた。

江戸時代に化粧をしていたのは、公家や歌舞伎役者などごく少数の男性を除けば、基本的に女性だけだった。化粧の基本色は、前の時代に引き続き白粉の白、口紅や頬紅の赤、そしてお歯黒と眉化粧の黒の三色である。

三色のなかで、諸外国にはみられない独自の意味を持ったのが「黒の化粧」だった。「黒の化粧」は、化粧が庶民に広まる過程において、結婚や出産などの通過儀礼と深く結びつき、江戸時代の中頃には、女性の社会的属性などを可視化する機能を持つようになる。

たとえば庶民の女性なら、歯が白く眉があるのは未婚。お歯黒をしていれば既婚。眉をそっていれば子持ちというように、「黒の化粧」をみれば、誰でもその女性がどのような立場にあるかが、ある程度わかった（図9）。

江戸時代は身分秩序を重んじる封建社会であり、衣食住のすべてにわたって分相応《ぶんそうおう》であることが求められた。化粧も身分や階級、未既婚の区別などをあらわす慣習として社会のシステムに組み込まれている。裏を返せば、自由気ままな化粧は、社会の秩序を乱す行為であり許されなかった。江戸時代の間、白・赤・黒の三色を用いる色構成や化粧の決まりごとは、流行などによる多少の変化はあったにしろ、基本の部分が変わることはなかった。

薄化粧を説く教養書

白・赤・黒の化粧について具体的に述べる前に、江戸時代の化粧が、社会のなかでどのような意味を持っていたのかを、もう少し詳しくみてみよう。

それを知るヒントになるのが、江戸時代前期に成立した女性向けの教養書である。代表的なものでは『女鏡秘伝書《じょきょうひでんしょ》』（慶安三年〈一六五〇〉）、『女用訓蒙図彙《じょようきんもうずい》』（貞享四年〈一六八七〉）、『女重宝記《おんなちょうほうき》』（元禄五年〈一六九二〉）などがある。

女性が学ぶべき知識や礼儀作法、諸芸などを記したこれらの教養書には化粧の項目があるが、それ自体、化粧が女性にとって必要不可欠なものだと、早くから社会的に認知されていたあかしといえるだろう（図10）。

これらのうち『女重宝記』は、上方において町人が台頭してきた元禄時代に京都で出版

図９　お歯黒をして眉をそり落とした子持ち女性
（喜多川歌麿「当世風俗通　女房風」，公文教育研究会所蔵）

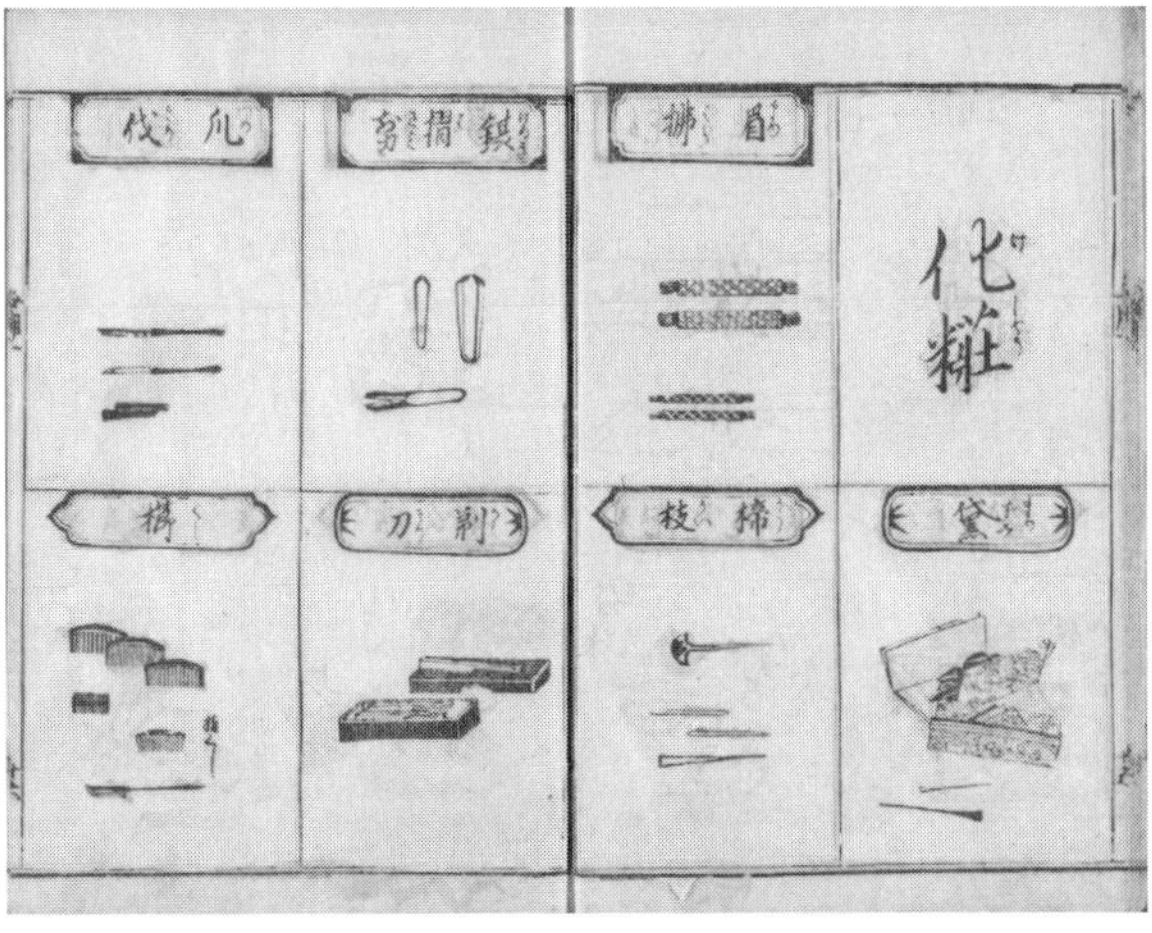

図10　『女用訓蒙図彙』１巻（国立国会図書館所蔵）

された、教養ある女性のための生活百科事典というべき書物だった。全五冊のうち「一之巻」は「女中万《じょちゅうよろず》たしなみの巻」。言葉づかいや衣服の選び方などとともに、白粉・紅・眉・際《きわ》化粧（額の生え際に墨を引いて整える化粧）・お歯黒などの化粧法が記されている。ここでいう「女中」とは女性を指すので、当時の化粧が女性にとって習得すべきたしなみのひとつだったとわかる。

この本では白粉を塗ることを「女のさだまれる法」といい、女に生まれたからには一日も素顔でいてはならないと説いた。ただし白粉は薄くつけ、頬や唇などの紅も薄く指すのが基本。濃いのは品がないとされた。薄化粧を推奨するのは『女鏡秘伝書』や『女用訓蒙図彙』も同じだった。女性向け教養書の化粧観は、あくまで「化粧はみだしなみ、礼儀のひとつ」なので、白粉や紅が濃い化粧はご法度だったのである。

江戸時代も中期以降になると、『女大学宝箱《おんなだいがくたからばこ》』（享保元年〈一七一六〉）など「女大学」とよばれる一群の教訓書が、寺子屋《てらこや》などで庶民の女子の道徳教育に広く用いられるようになる。

「女大学」は儒教の思想を日本の封建社会にあてはめて、男性に従属する存在としての女性の生き方を説いた。従順で貞節、家事をよくこなし、嫁《か》しては夫や婚家に尽くすのが女性のあるべき姿とされたのである。もとになったのは儒学者貝原益軒《かいばらえきけん》が記した『和俗童《わぞくどう》子訓《じくん》』（宝永七年〈一七一〇〉）の「女子を教ゆる法」といわれている。

その「女子を教ゆる法」は女性の容姿について、「およそ女は、容《かたち》より心のまされるこそ、めでたかるべけれ」と、容姿よりも気だてが大事だと述べている。さらに、女性が嫁ぐ時に親が教えることとして、「身と衣服とのけがれずしてきよげなるはよし。衣服と身のかざりに、すぐれてきよらをこのみ、人の目にたつほどなるは悪《あ》しし」などと、清潔を重んじる一方で、華美で目立つ衣服や身の飾りをいましめた。

「女子を教ゆる法」のなかに化粧について直接言及した文章はないが、衣服などが目立つことをいましめる論調からすると、派手な化粧は論外だったとみていいだろう。

ただし、日本では江戸時代を通して、白粉や紅が濃いことが批判の対象になることはあっても、化粧そのものが否定されることはなかった。薄化粧であれば問題なく、むしろ化粧すべきという考え方が、世間に広く浸透していたのである。

この点は、キリスト教会の支配力が強かった中世から十七世紀頃までのヨーロッパで、化粧が「虚栄《ヴァニティ》」の罪とみなされ、「信仰心の篤《あつ》いキリスト教徒は化粧すべきではない」などと、原則論では否定されていたのとは対照的だった。

さて、化粧がみだしなみであり、礼儀であったのは間違いないが、だからといって女性たちが美しくなることに興味がなかったわけではない。それは、江戸時代でも着物の柄や帯結び、かぶりもの、髪型、髪飾りなどのファッション全般に流行があったことを考えればあきらかである。化粧もファッションの一部であり、おしゃれの大切な要素だった。

江戸時代のおしゃれ読本

ここで、文化十年（一八一三）に出版された、江戸時代を代表する美容書『都風俗化粧伝《みやこふうぞくけわいでん》』をみてみよう。京都で出版されたこの本は、京都・大坂・江戸の三都で販売され、大正時代まで百年以上もの間、版を重ねたロングセラーである。書名にある「化粧」は「けわい」と読む。「けわい」は「けしょう」よりも広い意味を持ち、ここでは全身のよそおいの意味で使われていた。

その内容は多岐にわたり、顔・からだ用の薬や化粧品の処方、メイクのハウツー、髪型別のメイク法、美しくみえる立ち居振舞い、帯の結び方、かぶりものの種類などが、さし絵つきで解説された総合美容読本だった。

上・中・下、全三巻のうち中巻に「化粧《けしょう》の部」があり、頭書《とうしょ》には、化粧の目的が次のようにしたためられている。

婦人《おんな》の紅粉《べにおしろい》を施すことは、驕奢《きようしや》風流のためにあらず。礼容を整え、面《おもて》のつきづきしきを陰《かく》し、愛嬌《あいきよう》を添えんがため、また、嫁《かしずき》ては舅、姑、夫につこうまつる礼なれば、必ず朝は疾《と》く起きて湯をつかい、髪のみだれたるを正しうし、紅粉を施して、人に寝《ね》乱髪《みだれがみ》のみだれたる根惚《ねほれ》顔の気疎《けうと》きを見することなかれ（高橋雅夫校注『都風俗化粧伝』東洋文庫四一四、平凡社）

ここでも化粧は礼儀だった。嫁いだ女性は家人が起きてくる前に化粧をすませて、素顔をみせないのが礼儀だというのは、もとをたどれば中国の儒教の経典『礼記《らいき》』の教えが反映されている。

化粧を礼儀とみるのは女性向け教養書と同じだが、『都風俗化粧伝』には、たてまえでは礼儀としての化粧を意識させつつも、「この本のとおりにすれば、たとえ醜くても、たちまち美人になれる」「西施《せいし》や楊貴妃《ようきひ》に劣らない美人になる」といった、教訓書にはない女性のおしゃれ心をそそるフレーズが散りばめられていた。

内容も、白粉やお歯黒のつけ方、眉の描き方といった化粧の基本から、顔だちの欠点をカバーする方法、今でいうところの美白スキンケア化粧品の処方、さらにはさりげなく、当時流行していた口紅のつけ方までもが紹介されている。

「女大学」とは違い、どうすればより美しくなれるかを具体的に示したアプローチこそ、この本が長く読み続けられた大きな理由だろう。たてまえは横に置き、女性たちは本音の部分では、いかに美しくよそおうかに工夫を凝らしたのである。

この『都風俗化粧伝』の具体的な内容は、次からの白・赤・黒の化粧のなかでとりあげていく。

美肌へのあこがれ、白の化粧

江戸時代の代表的な白粉といえば、水銀を原料にした軽粉《けいふん》（水銀白粉）と、鉛が原料の鉛白（鉛白粉）だった。

白粉の原料

水銀の産地で有名だったのは伊勢国《いせのくに》（現在の三重県）である。伊勢国の丹生《にう》鉱山で産出された辰砂《しんしゃ》（硫化水銀からなる鉱物）から抽出した水銀を使い、近隣の射沢《いざわ》村で白粉の製造がはじまったのは、室町時代中期の享徳二年（一四五三）頃といわれている。

白粉の原料は、少量の水銀と、食塩・土・水を練り合わせて団子状にしたものだった。これらを鉄鍋に入れ、約六〇〇度で四時間ほど熱すると、化学反応によって、上にかぶせたふたの裏に、塩化第一水銀が白い粉になって蒸着する。それを羽ぼうきで払い落として白粉にしたのである。

この地で製造された軽粉は「伊勢白粉」という名で知られていた。「伊勢白粉」は伊勢参りのみやげにされた。また、伊勢神宮の御師《おんし》が全国の檀家をまわる時に、神宮の御札と一緒に白粉を手みやげに配ったので、その名が各地に広まったという。

ところが、丹生の鉱脈は十七世紀なかばに掘りつくされてしまい、中国から原料の水銀を輸入して加工せざるをえなくなる。最盛期には八三あった軽粉製造業者は、明和元年（一七六四）に一六にまで減り、価格の安い鉛白粉にとって代わられた。それでも禁裏《きんり》（御所）を中心に、身分の高い女性は水銀の白粉を使っていたという。

白粉としての需要は減ったものの、軽粉は全国に蔓延していた梅毒の特効薬として、あるいはしらみとり、堕胎薬など、薬の分野に新たな需要を開拓して使われ続けた。

もうひとつの鉛白粉（鉛白）は、七世紀末に日本でも製造されたことが『日本書紀』にあるが、本格的に大量生産がはじまったのは、慶長年間（一五九六―一六一五）頃といわれている。南蛮貿易とともに伝来した明《みん》の製法を取り入れて、泉州《せんしゅう》（現在の大阪府）堺《さかい》の地で製造が盛んになったという。その製法とは、鉛の薄板を酢で蒸して腐食させ、表面に生じた鉛白をかきとり、水洗いやろ過をしたあとで、かたまりにして乾燥させるというものだった。

鉛白粉は、伸びがよく使い心地がよい上に、価格が安いというメリットがあり、水銀白粉にとって替わって普及した。そのため、一般に江戸時代によく使われた白粉といえば、鉛白粉を指す。『都風俗化粧伝』によると、純粋な鉛だけの白粉でも、粉の細かさで、上から「生白粉《きおしろい》」、「舞台香」（芝居役者が使う白粉）、「唐の土」と三つに分かれ、いちばん下の「唐の土」は安物だったという。このほか、オシロイバナの種子のなかにある真っ白な胚乳《はいにゅう》を粉にして混ぜ、増量した調合白粉なども使われていた。

白粉化粧の濃淡

十七世紀なかばに出版された『女鏡秘伝書』には、「おしろひをぬりて其《その》おしろいすこしものこり侍《はべ》れば見ぐるしき物なり。能々《よくよく》のごひとりてよし」とある。いったん塗った白粉をぬぐいとって薄くみせるのがよいというのである。このように、江戸前期の白粉は薄くつけるのがよいとされた。

しかし、化粧が広まるにつれ、身分や職業、年齢、未既婚の別、さらには流行などにより、白粉や紅の濃淡に違いがあらわれたようだ。

江戸時代のおおよその化粧の傾向をみてみると、一般に御殿女中や遊女は庶民よりも白粉や紅化粧が濃く、年齢では、若い女性とくらべて年配女性や未亡人は薄い。地域別では、粋を身上としていた江戸が薄化粧だったのに対して、京都や大坂など上方は濃かった。その理由として、上方では、御所の女性たちの濃化粧に影響されて、一般女性の化粧も濃くなったという説がある。

化粧はみだしなみであると同時にファッションの一部なので、時代によって流行があった。その一方で、江戸時代は、おしゃれ全般が幕府の出す奢侈《しゃし》禁止令に左右されたこともあり、三大改革のうち、享保と天保の改革のあとには化粧が薄くなっている。

『安斎随筆《あんざいずいひつ》』によると、享保（一七一六—三六）頃には、江戸でも白粉を塗ったあとに、紅と白粉を混ぜた薄紅色の頬紅をつける化粧が流行したという。しかし、続く元文（一七三六—四一）のはじめ頃からは、貴賤ともに頬紅をやめて白粉だけを薄く塗るか、白粉すら塗らない化粧に変化した。それは遊女の化粧にならったものだという。

享保の改革では下着のぜいたくをいましめ、小袖に用いる金糸銀糸を制限するなどの奢侈禁止令が出された。質素倹約を強制する幕府の締めつけが遊女の化粧を薄くして、それをまねた庶民の化粧までもが薄くなったことが考えられる。

同様に、化政文化の風紀の乱れを厳しく取り締まった天保の改革のあとにも、薄化粧が流行した。江戸と上方の風俗を比較考証した『守貞謾稿《もりさだまんこう》』によると、文化（一八〇四—一八）頃には、江戸の女性も白粉や口紅を濃くつけていた。ところがその流行も、この本が書かれた天保八年から嘉永六年（一八三七—五三）頃には変わり、江戸では白粉が濃い人もいたが、一般に平日は素顔でいる人が多く、外出時の化粧も薄かったという。

著者の喜田川守貞《きたがわもりさだ》は薄化粧になった理由について、天保の改革の影響で目立つのを嫌って、白粉をあまり使わなくなったせいだと述べている。それでも同じ時期の江戸と上方では、上方の方が化粧が濃かったとも記しているので、江戸と上方という地域による化粧の濃淡の違いは、幕末になっても変わらなかったといえるだろう。

色の白いは七難隠す

それでは江戸時代の白粉化粧とはどのようなものだったのか。『都風俗化粧伝』から、そのプロセスを要約すると次のようになる。

白粉化粧をするには、丹念にといた白粉を、額から両頬、鼻、口のまわり、耳、首筋の順に、肌に置いては手で伸ばすのを繰り返す。次に刷毛《はけ》に水をつけて、つけた白粉をていねいに伸ばす。さらに顔に半紙（和紙）をあてて、上からぬらした刷毛で何度もはいて白粉をしっかり肌になじませたあと、乾いた刷毛で粉白粉をむらなく伸ばす。最後に、湿らせた手ぬぐいでまぶたの上や目じりをなでて白粉を薄くして、厚化粧にみえないようにする（図11）。

図11　もろ肌脱ぎで白粉をつける様子（『都風俗化粧伝』より，ポーラ文化研究所図版提供）

現代からすると、あきらかに手間も時間もかかる化粧法である。なぜそうまで白粉化粧に念を入れたのかといえば、江戸時代には、色白が美人の条件だったからである。それは『都風俗化粧伝』にはっきりと記されている。

> 人生まれながらにして三十二相揃《そろい》たる美人というは至って少なきもの也。化粧の仕様《しよう》、顔の作りようにて、よく美人となさしむべし。その中にも色の白きを第一とす。色のしろきは七難かくすと、諺《ことわざ》にいえり

「三十二相」とは仏のからだにそなわっている三二のすぐれた姿かたちをいい、転じて女性の容姿にそなわる一切の美し

さをさした。ここでは美人のありようを、色が白いことが第一だと言い切り、色が白ければ、多少難があってもその難を隠してくれると述べている。

肌の白さが何より大事なのだから、女性たちは白粉のつけ方にこだわった。本のなかで何度も繰り返されている肌の美意識とは、白く透き通るような顔色で、白玉（真珠）のようにきめ細かく、つやがある肌だった。

欧米人が目や口などのポイントメイク（部分化粧）を重視するのに対して、日本女性は現代でも「美白志向」「美肌志向」が強く、ファンデーションを使ったベースメイクや、スキンケアに力を入れる。それは伝統的に白い肌の美しさを重視し、白粉化粧にこだわってきた美意識のなごりといえるだろう。

江戸の美白スキンケア

白い肌へのこだわりは白粉化粧だけに限ったことではない。『都風俗化粧伝』上巻の「顔面の部」の本文には「色を白くする薬の伝」、「色を白くし光沢《つや》を出だす薬の伝」、「色を白くし、肌を細かくし、美人とする伝」といった現在の美白スキンケアに相当する処方が収録されている。

色を白くするための処方は、漢方系材料や顔料を何種類も混ぜてつくるものから、庶民が手に入る材料でできる簡単なものまで、さまざまである。たとえば冬瓜《とうがん》と酒を煮詰め、布でしぼってかすをとったものを、夜寝る時に顔に塗り、翌朝洗い落とすという処方は、庶民でもできる自家製の美白パックだった。

また、江戸時代には洗顔料としてぬか袋や、あずきの粉入りの洗粉《あらいこ》などを用いたが、あずき・滑石《かっせき》・白檀《びゃくだん》の三種を粉にして合わせた洗顔料が、色を白くする薬の処方として紹介されていた。白粉で白くするだけでなく、素肌に働きかけて色を白くしようとする、スキンケアの意識があったのである。

改めて江戸時代の実情を考えてみると、理想とされるきめ細かな白い肌へのハードルは、かなり高かったといわざるを得ない。というのも、江戸時代に「疱瘡《ほうそう》は見目定め」といわれていたことからもわかるように、はやり病の疱瘡（天然痘）になれば、命は助かっても顔にあばたが残ることもあった。

それだけでなく、現代とくらべて医療技術の低い江戸時代のこと、梅毒による瘡《かさ》や、皮膚病に悩む女性も多かっただろう。なにより白い肌を求めて使われた鉛白粉は、その毒性により、大量に使い続ければ慢性中毒をおこし、貧血で顔色が悪くなることもある。

『都風俗化粧伝』には、ニキビやソバカスを治す薬から、顔にできた瘡や疱瘡によるあばたを治す薬、顔や頭にできたたむしの薬の処方などが載っている。裏を返せば、そうした肌のトラブルが多かったということである。江戸時代の女性にとって、きめ細かくつやのある白い肌を保つことは、現在よりもはるかに難しかったに違いない。

修整化粧にみる顔の美意識

『都風俗化粧伝』で、色を白くする方法の次に紹介されているのが、顔立ちの修整法だった。肌が白くても顔立ちに欠点がある人のため、化粧で修整する秘伝がさし絵入りで載っている。ここで修整すべきとされた欠点とは、低い鼻、垂れ目や上がり目、大きすぎる目、細い目、眉と目の間隔が狭いこと、大きい口、小さすぎる口、厚い唇、そして丸い顔だった。要するに、これらがあてはまる女性は美人の相ではなかったことになる。

江戸時代の美意識では中高《なかだか》の顔が美人といわれ、鼻筋が通っていることが美しさの条件だった。『都風俗化粧伝』にも「鼻は顔の中央にありて、第一他《ひと》の目につくものなれば、鼻筋とおりたるをよしとす」とある。そこで、低い鼻を高くみせるために、鼻筋に白粉を濃くつける修整化粧をした。白の濃淡によって鼻筋だけを、より白くきわだたせて鼻を高くみせるという、ハイライト効果を狙った化粧である。

一方、垂れ目や上がり目などの修整も、江戸時代は白粉と紅のバランスで工夫した。たとえば垂れ目なら、眉じりが上がるように眉を描き、まぶたの目じり側に薄い紅をアイシ

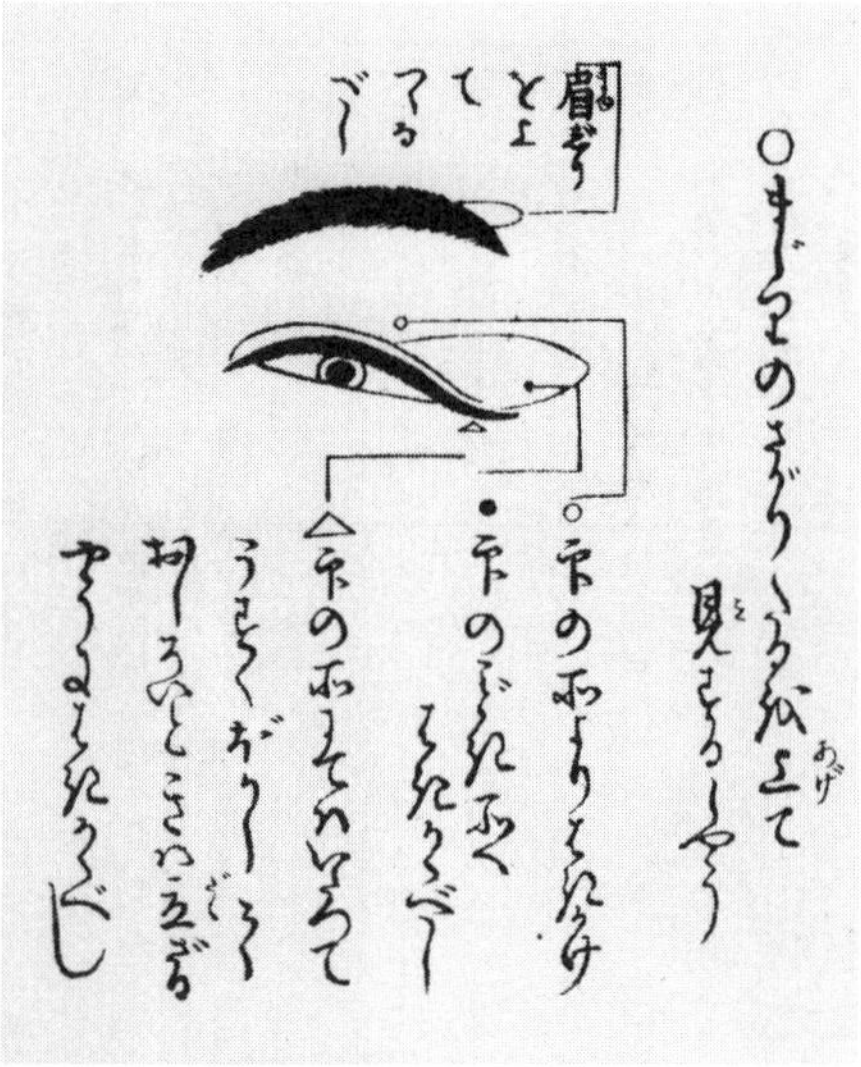

図12　たれ目の修整法
（『都風俗化粧伝』より，ポーラ文化研究所図版提供）

ヤドウのように塗った（図12）。上がり目は逆に、下まぶたの目じり側に紅を薄くつけた。ここまでは現代女性の欠点カバーメイクにも共通するものがある。

　目の化粧に関しては現代の美意識との決定的な違いがあった。それは「大きな目を細くみせる方法」があることだった。『都風俗化粧伝』には「目は面上《かお》の中央にありて、面上の格好《かっこう》を引き立てる第一のものなれば、りんとつよきがよし。然れども、あまり大き過ぎたるは見苦し」とある。つまり、目が大きすぎるのは醜いと思われていたのである。

　そこで紹介されているのが「目八分《めはちぶん》」というユニークな方法だった。立っている時は足元よりおよそ一間（一・八一メートル）先を、座った時は膝より半間先を見下ろすと、視線が伏目がちになって目が小さくみえるので、これを習慣にしなさいというのである。

日本人の目の美意識については、前章でとりあげたルイス・フロイスが、「ヨーロッパ人は、大きい眼を美しいとみなす」のに対して、「日本人は、それをぞっとするようなものとみなし、涙の出る部分が閉ざされているのを美しいとする」と指摘していた。

この美意識は江戸時代も続いていた。安永四年（一七七五）に来日したスウェーデン人の学者ツュンベリーの『江戸参府随行記《えどさんぷずいこうき》』によると、来日したヨーロッパ人たちが行く先々で、大勢の大人や子どもが人だかりして大騒ぎになり、彼らの丸い大きな目を見て「阿蘭陀大目《おらんだ》」と叫んでいたという。

一般的に日本人は、目頭《めがしら》にモンゴロイド人種特有の蒙古《もうこ》ひだがかぶさっている人が多数派で、浮世絵など絵画においても、美人は切れ長の目で描かれている。蒙古ひだのない西洋人の目は、江戸時代の人々にとって鬼神《きじん》や般若《はんにゃ》の能面のように、かっと見開いておそろしげにみえたのかもしれない。とすれば、『都風俗化粧伝』にある「大きすぎる目」とは、西洋人のようなぱっちりした目を指したのではないだろうか。

ひるがえって現代の日本では、欧米人のような目が魅力的と考えられ、女性たちは化粧によっていかに目を大きくみせるかに苦心する。このことは、現代の日本人の目に関する美意識が、西洋文化が流入した近代以降に醸成されたことを示している。

ここからは白粉を例に、江戸時代の化粧品産業と代表的な商品、その宣伝広告などに目を向けてみよう。

化粧品産業の発達

白粉や紅などの化粧品が安定的に市場に供給され、庶民の手に届くようになったのは、商工業が発達して問屋による商品の流通システムが整えられた、元禄時代（一六八八―一七〇四）頃からと考えられる。

元禄五年（一六九二）刊の『万買物調方記《よろずかいものちょうほうき》』は、京都・大坂・江戸の名物を紹介した本だが、「白粉所（白粉屋）」だけで京都一八軒、大坂一二軒の店が載っている。対する江戸はわずか三軒。「伽羅之油《きゃらのあぶら》（びんつけ油）」や「伽羅（香料木）」を売る店を足しても一一軒にすぎない。

経済都市として「天下の台所」とよばれた大坂、そして織物や染物など工芸分野に高い技術力を持つ京都。元禄頃の経済や文化の中心は上方にあり、化粧の文化も上方が江戸より発達していたのだろう。

元禄文化を代表する大坂の作家井原西鶴《いはらさいかく》の『好色一代男』や『好色五人女』などの一連の作品には、白粉や紅をつけ歯を黒く染め、眉を描いた女性の化粧風俗が描写され、上方において化粧が市井の人々の暮らしに根をはってきた様子がうかがえる。

その後、江戸においても化粧は徐々に広まり、豊かになった江戸の町人たちを主役に化政文化が最盛期を迎えた十九世紀前半には、庶民生活を描写した川柳の句集『誹風柳多留《はいふうやなぎだる》』に、白粉や紅化粧、お歯黒、眉そりなど化粧全般の句が数多くみられるまでになっていた。この頃には、江戸の庶民にとっても化粧が身近になっていたのである。

文政七年（一八二四）に発行された江戸の買物ガイドブック『江戸買物独案内《えどかいものひとりあんない》』には、「白粉紅問屋」「紅屋」「白粉屋」「伽羅之油屋」で五〇軒を超える店が広告を載せている。単純にこれだけでも元禄時代とくらべて店は大幅に増えているが、本に載っていない店もたくさんあり、行商の小間物屋でも化粧品をあつかっていたので、実際には、はるかに多くの化粧品店があり、化粧品を販売する業者がいたものと推測できる。

文政頃には、一大消費地になった江戸の旺盛な需要に応じるために、江戸においても地場の化粧品産業が発達し、数多くの商品が売り出されていた。その一方で、『江戸買物独案内』には京都の化粧品店の出店や、京都製の紅白粉を売る店も多く掲載されており、京都ブランドが、江戸でもなお人気だった様子がうかがえる。

化粧品店の増加は商品の競争を生み、江戸後期にはライバル店に負けないように、宣伝に工夫を凝らす店があらわれた。

化粧品の販売や宣伝に一役買ったのが歌舞伎役者である。江戸時代、衣服や化粧、髪型などの流行の発信地は、おもに歌舞伎の舞台や遊廓だった。華やかな衣装をまとって人々の注目を浴び、みずからも目立つために創意工夫が欠かせない、歌舞伎役者や遊女が、庶民にとってのファッションリーダーになったのである。

歌舞伎役者の油見世

特に歌舞伎は、元禄頃には女性たちの最大の楽しみになっており、数々の流行を生み出していた。元禄五年刊の『女重宝記』には、中流以下の女性たちが歌舞伎の女形風俗から着物の模様や帯の結び方など、流行のファッションを学んだと記されている。歌舞伎の流行は舞台を見た人々の口コミや、役者絵、版本などによって世のなかに広まった。

歌舞伎役者は職業がら白粉や紅が欠かせないことから、副業として化粧品の宣伝や販売に関わることが多かった。歌舞伎役者で最初に化粧品店を経営したのは、延宝（一六七三―八二）頃に活躍した名女形上村吉弥《かみむらきちや》といわれている。現役時代に吉弥結びという帯結びや、吉弥帽子・吉弥笠などのかぶりものを流行させた彼は、延宝末頃に引退すると京都四条通り高瀬川橋詰に白粉店を開き、自分の名前をつけた「吉弥白粉」を販売した。

また、江戸で最初に店を開いたのは、上方で若衆方として活躍し、元禄元年（一六八八）に江戸の中村屋で女形に転じた中村数馬《かずま》だった。彼は引退後に江戸日本橋北室町で「冠髪香《かんはつこう》」という名の油見世《あぶらみせ》を開いた。油見世とは、伽羅の油や、紅白粉などをあつかう化粧品店である。

歌舞伎役者が化粧品店を経営するのは、江戸後期の宝暦頃（一七五一―六四）から盛んになったという。安永三年（一七七四）刊の『役者全書』によると、この時点で江戸には九代目市村羽左衛門《いちむらうざえもん》、五代目市川団十郎《いちかわだんじゅうろう》、初代尾上菊五郎《おのえきくごろう》、二代目瀬川菊之丞《せがわきくのじょう》など、当時の役者が経営する油見世が一三軒あった。このほかに中村数馬の店のように、安永以前の歌舞伎役者を始祖とする店もなお繁盛していたという。これらは、まさに現在のタレントショップのはしりといえる。

役者の経営する油見世について、『誹風柳多留』の三篇（明和五年〈一七六八〉）に「油見世折ふし居てははやらせる（三・10）」という句がある。当時の女性にとって、人気役者はあこがれのスターだった。役者が時々店に顔を出せば、役者目当ての女性が押しかけて店は繁盛したというわけである。その一方で、女形や立役ならファンがおおぜい来てくれるが、悪人役ではそれもかなわず、油見世を出すのをきっぱりあきらめるという意味で、「悪方《あくがた》は油見世など思ひきり（三一・2）」という句もあった。

おしろいのはげぬ薬「江戸の水」

江戸時代、化粧品の宣伝に広く活用されたのが、木版印刷による紙のメディアだった。木版印刷技術の進歩によって、錦絵とよばれる多色刷りの浮世絵版画が創始され、版本の出版が盛んになったのは十八世紀後半のことである。出版文化は江戸では十九世紀に最盛期を迎え、絵入り娯楽本の草双紙《くさぞうし》や、読本《よみほん》とよばれる小説、滑稽本《こっけいぼん》などが庶民の間で大人気になった。

有名なところでは、山東京伝《さんとうきょうでん》の『忠臣水滸伝《ちゅうしんすいこでん》』、式亭三馬《しきていさんば》の『浮世風呂《うきよぶろ》』や『浮世床《うきよどこ》』、十返舎一九《じっぺんしゃいっく》の『東海道中膝栗毛《とうかいどうちゅうひざくりげ》』、曲亭馬琴《きょくていばきん》の『南総里見八犬伝《なんそうさとみはっけんでん》』、為永春水《ためながしゅんすい》の『春《しゅん》色梅児誉美《しょくうめごよみ》』などがある。

これらの本は地本問屋《じほんどいや》で販売されたが、それとは別にレンタルもあり、行商の貸本屋が得意先をまわって商売をしていた。江戸の貸本屋組合に属する貸本屋の総数は、文化五年（一八〇八）に六〇〇軒以上だったというから、相当な数といえる。それだけ本が読まれた背景には、庶民でも男女ともに幼い時から寺子屋で学ぶ「読み・書き・そろばん」でつちかわれた識字率の高さがあった。

出版文化の隆盛にともない、版本や錦絵、引札《ひきふだ》（チラシのこと）などを媒体にした宣伝活動が盛んになった。こうした紙のメディアをうまく利用した宣伝広告で有名になったのが、「江戸の水」だった。「江戸の水」とは白粉の下地に使う化粧水で、売り出したのは『浮世風呂』『浮世床』などで有名な戯作者《げさくしゃ》の式亭三馬である。

戯作者とは草双紙など読み物の作者のことである。江戸時代は現在のような印税制度がなく、作家業だけで食べていけない戯作者たちは、副業を営んでいるのが普通だった。式亭三馬も式亭正舗《しきていせいほ》という薬屋を経営していたのだが、彼は文化八年二月に「おしろいのはげぬ薬」というキャッチコピーで、「江戸の水」を売り出した。二ヵ月後の四月には「おしろいのよくのる薬」とコピーを変え、半紙四つ切サイズの引札《ひきふだ》をばらまいている。

目端の利く三馬は「江戸の水」を売るために自身の著作を利用した。『浮世風呂』の作中で、女湯の客に「私どもの娘なども江戸の水がよいと申て化粧の度につけますのさ、なる程ネ、顔のでき物などもなほりまして、白粉のうつりが奇麗でようございます」と言わせるなど、自作自演で店の名前から所在地、商品の効能までを、作品に織り込んで宣伝したのである。

この商法は大当たりして「江戸の水」は大評判になった。三馬は自身の日記『式亭雑記《しきていざっき》』に、「江戸の水」が思いのほか流行したと書き残している。

「美艶仙女香」

「江戸の水」のさらに上をいったのが、江戸京橋南伝馬町三丁目の坂本屋が売り出した「美艶仙女香《びえんせんじょこう》」という白粉だった。「美艶仙女香」は、浮世絵や草双紙、歌舞伎役者の口上など複数の媒体を用いて、現代顔負けのメディアミックス型の広告展開をして大評判になった商品だった。

この白粉は、先に紹介した『江戸買物独案内』に「おかほの妙薬　美艶仙女香」というキャッチコピーで掲載されている。商品名にある「仙女」とは、安永から文化にかけて活躍した美貌の名女形、三代目瀬川菊之丞の俳名《はいみょう》（俳句をよむ時のペンネーム）なので、ネーミングからして人気の歌舞伎役者にあやかった商品だった。

坂本屋は版元や絵師、戯作者に協力させて、「美艶仙女香」の名前から店の住所、効果効能を、多くの読み物や錦絵の紙面に登場させた。一例をあげると、女性に大人気だった為永春水の人情本（恋愛小説）『春色梅児誉美』では、「衿元《えりもと》雪より白く、あらひ粉にて磨きあげたる顔へ、仙女香をすりこみし薄化粧は、ことさらに奥ゆかしく」と、作品のなかで商品名をとりあげて、そのすばらしさをアピールしている。

浮世絵では、歌川国貞《うたがわくにさだ》や渓斎英泉《けいさいえいせん》などの美人画に、「美艶仙女香」の商品名入りの白粉包みがさりげなく置かれたり、白粉包みを手に持ったりした構図がある（図13）。庶民に人気の市川団十郎や瀬川菊之丞の役者絵にも、人気スターがすすめる白粉とばかりに「美艶仙女香」を手にした絵柄が描かれていた。さらには実際の芝居のなかで、歌舞伎役者のせりふに「仙女香」を入れることもあった。

化粧はビジュアルに訴えかけるものだけに、人気の役者や美人画との組み合わせは、知

図13　美艶仙女香

左上に美艶仙女香の宣伝文句，右上のこま絵には白粉包みが描かれている。下唇は緑色をしており，流行の笹色紅をあらわしている。(溪斎英泉「美艶仙女香　白粉」，北海道立近代美術館所蔵)

名度アップにさぞかし貢献したに違いない。

「美艶仙女香」はあまりの広告の多さから、『誹風柳多留』では「なんにでもよくつらを出す仙女香（一五四・32）」「仙女香やたら顔出す本ンの端《は》し（一二一・31）」などと風刺されている。

江戸後期にこのような宣伝戦略が考えられたのは、商店や商品間の販売競争が激しかったことの裏返しといえ、それだけ多くの化粧品があったことを物語っている。

化粧に用いる白・赤・黒の三色のなかで、華やかで顔に彩りを添えるのが、赤色の紅である。江戸時代の紅化粧にも、紅花から抽出した紅が使われた。

紅花のたどったルート

紅花は中東やエジプトが原産地といわれ、日本にはシルクロードを経由して大陸から渡来した。

近年の研究では、平成十九年（二〇〇七）に、奈良県にある纒向《まきむく》遺跡の三世紀中頃の土から、紅花の花粉が大量にみつかったと発表され、新聞などで話題になった。それまでは、六世紀後半の藤ノ木古墳の石棺からみつかった花粉が最も古いとされていたので、新しい発見により、さらに三〇〇年もさかのぼって紅花が栽培されていた可能性が高まった。

三世紀の日本と中国（魏）の交流は『魏志』倭人伝にも記されており、この紅花は、魏から染色技術を持った渡来人とともに、日本に伝来したのではないかと考えられている。紅花は、日本では『万葉集』の昔から「末摘花《すえつむはな》」「呉礼奈為《くれない》」などとよばれ、歌にもよまれてきた。平安時代には、すでに中国地方から関東地方にかけての広い範囲で栽培され、染料や化粧料として使われている。

江戸時代になると、山形県の最上川《もがみがわ》流域が国内最大の生産地となり、そこで生産される紅花は、高品質の最上紅花として知られるようになった。この最上紅花を例に、紅花から紅を抽出するまでのルートをたどってみよう。

紅の原料になるのは紅花の黄色い花弁、すなわち花びらである。紅花があざやかな黄色い花をつけるのは七月。早朝の朝露が残る頃に花弁を摘みとり、何段階もの工程を経て、せんべい状のかたまりに加工する。これを紅餅《べにもち》といい、その多くは京都に送られた。

紅餅を乗せた船は最上川を下り、河口の酒田《さかた》からは海路をたどり、北前船《きたまえぶね》で敦賀《つるが》（福井県）に運ばれる。敦賀から陸路と琵琶湖《びわこ》舟運を経由して京都に到着すると、紅花問屋を通して薬種屋や紅屋、紅染屋に分配された。そこではじめて染料や化粧用の紅をしぼり出すのである。

紅の抽出には高度な技術が必要で、製法はそれぞれの店の秘伝といわれ門外不出だった。高級手工業で有名な京都で製造された化粧用の紅は、「京紅」という付加価値をつけて、江戸をはじめ全国に販売された。

紅花から抽出される赤色色素は非常に少なく、生花のわずか一％程度である。そのため、紅は金と同じぐらい貴重で高価だという意味で、江戸時代には「紅一匁《もんめ》、金一匁」といわれていた。

唇が緑色に光る笹色紅

紅花から抽出した化粧用の紅は、紅猪口《べにちょこ》という、小さな陶磁器の茶碗の内側に塗って乾燥させ、紅問屋や小間物屋などで売り出された（図14）。

紅花の紅は太陽光線にさらされると色があせてしまうので、この紅猪口は使わない時には伏せて置いた。また、携帯用には、女性の持ち物らしく、蒔絵や象牙細工などの意匠を凝らした、紅板《べにいた》とよばれる小さな容器もあった。

紅猪口などから口紅をつける時には、紅筆や指を、唾液や水で湿らせて紅をとり、唇の少し内側に小さめに指す。つけ方は、上下の唇がどちらも濃いのは品がないといわれ、下唇には濃く、上唇には薄くつけるのが基本だった。

女子向け教養書の『女用訓蒙図彙』には、「唇は丹花の唇とて花にたとへたり。是《これ》もい

図14　紅屋の店先

紅猪口が並ぶ。(『容顔美艶考』〈文政２年刊〉より，ポーラ文化研究所図版提供)

たく赤きは賤《いや》しゝ」とある。また、『女重宝記』には紅を「頬さき、口びる、爪さきにぬる事うすうすとあるべし」とあるので、十七世紀末頃には、唇だけでなく頬や爪にも薄く紅をつけていたのだろう。しかし、『安斎随筆《あんざいずいひつ》』によれば、元文（一七三六―四一）のはじめ頃から頬紅はすたれ、紅化粧の中心は口紅になっている。

江戸時代のなかでも、他の時代にみられない、独特の紅化粧が流行したのが、文化・文政期である。それは「笹色紅《ささいろべに》」「笹紅《ささべに》」などとよばれる、下唇を緑色に光らせる化粧で、江戸と上方の両方で一世を風靡した。

紅花の紅は、濃く塗り重ねると緑色（玉虫色）の光沢が出る。「笹色紅」とは、その緑色を笹の葉にたとえたネーミングだった。「笹色紅」の化粧は、当時の浮世絵に緑色の唇として描かれた（図13参照）。

この「笹色紅」については、天保元年（一八三〇）刊の随筆『嬉遊笑覧《きゆうしょうらん》』のなかで、著者の喜多村信節《きたむらのぶよ》が「近頃ハ紅を濃くして唇を青く光らせなどするハ何事ぞ。青き唇ハなきものを」と非難している。流行の最先端とはいえ、唇を緑色にみせる化粧には眉をしかめる人々がいたことがわかる。

一説には遊女がはじめたといわれるこの化粧だが、金と同等といわれた高価な紅を、緑色にみえるまで塗り重ねるのが流行になり、批判の対象にまでなったのは、紅をたくさん使える裕福な女性が増えたからにほかならず、社会の成熟ぶりがうかがえる。

しかし、流行を追いたいのは裕福な家の娘ばかりではない。庶民だっておしゃれはしたかった。そこで考えられたのが、少量の紅で笹色（緑色）にみせる節約法で、『都風俗化粧伝』には、下地に墨や行灯《あんどん》の油煙を塗って、その上から紅をつけると「青みて光る也」

とある。

以前にこの節約法を再現したことがあるが、墨が濃いと唇が黒ずんでみえるものの、薄い色の墨をつけた上から紅をさっと塗ると、紅だけを何度も塗り重ねた時に似た緑色の輝きがあらわれた。

文化・文政期頃（一八〇四―三〇）に大流行した笹色紅だが、白粉同様、天保の改革による奢侈禁止令の影響でこの流行もすたれてしまい、幕末にかけて口紅は薄くつけるようになった。

例外だったのが江戸城大奥である。大奥では笹色紅の流行がとうに過ぎた幕末でも、後家だった天璋院《てんしょういん》以外は相変わらず笹色紅にして、白粉も濃くつけていたという。天保の改革では大奥もターゲットにされ、膨大な出費を抑えるように交渉がなされたが、大奥側の強い抵抗にあい、あえなく大奥改革は頓挫《とんざ》したという経緯がある。その結果、美を競う女の園では、化粧は濃いままで幕末を迎えたのだった。

今も残る紅の老舗

紅の話の最後に、江戸時代から化粧用の紅をつくってきた老舗で、現在も残っている店を二軒紹介しよう。そのうちの一軒が柳屋（現在の社名は柳屋本店）である。柳屋といえば年配の男性なら、ポマードなどの整髪料でおなじみだろう。

柳屋の祖となったのは、明《みん》から渡来した漢方医で、徳川家康の侍医だった呂一官《ろいっかん》だった。呂一官が、江戸日本橋通二丁目角に店を出したのが元和元年（一六一五）というから、柳屋は約四世紀続く、日本で一番古い化粧品会社ということができる。創業時には、医療に使った紅を化粧用にして、白粉、髪用の香油、食用紅などとともに販売していたという。

図15　柳屋の広告（右）
（『江戸買物独案内』より，早稲田大学図書館所蔵）

呂一官の死後も事業は引き継がれ、文化元年（一八〇四）には、近江商人の外池《といけ》宇兵衛《うへい》が屋号と営業権をゆずりうけて、現在まで代々、柳屋を継承してきた。

享和三年（一八〇三）に出版された山東京伝の『奇《き》妙《みょう》図彙《ずい》』に、「柳やのべにちょくハくれないのいろいろ」とあるところからも、柳屋は滑稽本にとりあげられるほどの有名店だったと推測される。柳屋は文政七年（一八二四）刊の『江戸買物独案内』に「白粉紅問屋」として載っている（図15）だけでなく、別のページでは整髪料として用いられた「伽羅之油」の店としても紹介されていた。

柳屋は、江戸の近郊の桶川宿《おけがわ》・上尾宿《あげお》・大宮宿・浦和宿周辺の村々で、商品作物として紅花栽培が広まるきっかけをつくった立役者でもあった。寛政（一七八九―一八〇一）頃、桶川郷内にある上村《かみむら》（現在の埼玉県上尾市）の農家に、最上川流域から仕入れた紅花の種を渡して栽培させたのである。

この地域の紅花栽培は、最上紅花に次いで全国第二位の規模になるまでに成長し、文化・文政期頃には、化粧品の一大消費地になっていた江戸に、「早場《はやば》もの」として紅の原料を供給したといわれている。

もう一軒の老舗は、紅問屋として創業した伊勢屋半右衛門（通称・伊勢半《いせはん》、現在の社名は伊勢半本店）である。伊勢半の創業は文政八年なので、その歴史はまさに江戸における紅化粧の最盛期と重なっている。伊勢半は江戸日本橋小舟町に店を構えて、ブランド力のある京都の紅に劣らない「小町紅」を製造することに成功したという。

「小町紅」とは、いうまでもなく平安時代の美女、小野小町をイメージした名前である。現在のように商標登録のシステムがあるわけではないので、江戸時代には多くの店が「小町紅」という名の紅を販売していた。伊勢半の「小町紅」もそのひとつだったのだろう。

　現在の伊勢半は、戦後に口紅で一世を風靡したキスミーブランドなど、多くのブランドを展開するかたわら、昔ながらの伝統製法で紅花の紅猪口をつくり続けるなど、紅とともに歩んできた老舗として知られている。

表示機能を持った黒の化粧

既婚女性は歯を染める

江戸時代になると、男性は天皇や公家を除いてお歯黒をしなくなったので、お歯黒は基本的に女性の元服（成人の儀式）に際しておこなわれる化粧になった。はじめてお歯黒をするのを「歯黒はじめ」「鉄漿《かね》はじめ」などといい、その年齢は時代とともに一三歳、一七歳とだんだん上がっていった。

江戸時代の中頃からは、結婚に前後してお歯黒をするようになり、江戸ではお歯黒をつけるのを半元服、子どもができて眉をそるのを本元服といった。

井原西鶴の『好色五人女』（貞享三年〈一六八六〉）には、一五、六歳にみえる美人を「さては縁付前かと思ひしに、かね付て眉なし」と描写した場面がある。嫁入り前かと思っていたらさにあらず、既婚の子持ちだったという意味である。このことから、上方では一七世紀末頃に、お歯黒が未既婚の区別をあらわしていたと推察できる。

白粉や口紅は、濃くつけると非難されることが多かったのに対して、「黒の化粧」のお歯黒の美意識はその逆で、一貫してむらなく黒く染めるのがよいとされた。染める頻度は、貞享四年刊の『女用訓蒙図彙』によると、毎朝つけるのがよく、二日に一度は中、三日に一度は下だと記されている。何日も放っておいてお歯黒がはげているのは、みだしなみとしてもってのほかだった。

黒はほかの何色にも染まらないので「貞女二夫にまみえず」、すなわち貞節のあかしと考えられた。お歯黒は、夫に対する貞節を説く儒教の教えにかなった化粧だったのである。女性は結婚に前後して歯を染めるのが原則だが、住んでいる地域によって風習にも違いがあるためか、その年齢にはばらつきがあった。

『守貞謾稿』によれば、京都や大坂では二一、二歳になると、たとえ未婚でも歯を染めた。江戸では少し早く、未婚でも一八、九歳になると歯を染める女性が多かったという。当時の結婚適齢期は数えの一五から一八歳ぐらいだったので、婚期を逃した女性は見栄や世間体のためにお歯黒をしたのである。

一般の女性だけでなく、遊女や芸者もお歯黒をすることがあったが、これも地域差があった。江戸では官許である吉原の遊女だけが歯を染め、岡場所《おかばしょ》など非官許の遊女は染めなかった。また、江戸では芸者も歯を染めなかった。しかし、京都や大坂では、官許・非官許にかかわらず、遊女も芸者も歯を染めたという。

大正時代から昭和にかけて、民俗学研究の一環として、日本各地で多くの聞き取り調査がおこなわれたが、そのなかには過去のお歯黒に関するものもあった。そうした資料と明治時代以前の文献などを重ね合わせると、北は青森から南は鹿児島まで、広い地域にわたってお歯黒化粧が普及していた様子が浮かび上がってくる。

お歯黒の成分

それでは、歯を黒く染めるにはいったい何を使っていたのか。それは、お歯黒について考える時に誰もがいだく疑問だろう。結論を先に述べると、お歯黒の黒は万年筆に使う黒インクと同じ成分だった。

江戸時代のお歯黒の材料はふたつ。五倍子《ふしのこ》粉とお歯黒水《はぐろみず》（鉄漿水《かねみず》ともいう）である。五倍子粉とは、日本中の山野に自生する、ウルシ科のヌルデの若芽や若葉にできた虫こぶ（ヌルデノミミフシアブラムシが寄生してできる）を採取して乾燥させ粉にしたもので、タンニンを多く含む。この五倍子粉は、都市部では五倍子店《ふしみせ》や楊枝店《ようじみせ》、生薬屋、小間物屋などが販売していた。

『植物民俗　ものと人間の文化史101』によると、ヌルデのほかに、キブシやヤシャブシ、ハンノキなども、地域によって「豆ぶし」「お歯黒の木」などと称されていたという。これらの木の実にはタンニンが多く、乾燥させた実を粉にして、五倍子粉の代わりにしたのである。市販品やヌルデの虫こぶが手に入らない地域では、近くの山野にある植物から代替品を探し出したのだろう。

もうひとつの材料、お歯黒水は、基本的に自家製だった。酢酸第一鉄を主成分とする溶液で、米のとぎ汁に酢、茶汁、古鉄、酒などを加えて密封し、二、三ヵ月置いて発酵させてつくった。これを五倍子粉と混ぜると、タンニン第二鉄溶液という黒インクと同じ成分の化合物ができあがる。

前章でとりあげたルイス・フロイスは、日本女性は歯を黒くするのに「鉄と酢」を用いたと記していたが、まさに鉄と酢は、お歯黒水の材料だった。

お歯黒化粧をする時には、鳥の羽根を短く切って穂にした筆を使い、お歯黒水と五倍子粉を交互に歯に塗った。タンニンが多く含まれている五倍子粉は渋みが強い。また、お歯黒水は酢などを入れて発酵させるので、現代人なら鼻をつまんでもつけられないほどの悪臭を放つ。歯につける前には、このお歯黒水を小さな容器にとり火にかけて沸かすので、臭《にお》いはさらに増した。そのため、お歯黒をつけたあとは、苦みや臭《くさ》みをやわらげるために、すぐにうがい用の茶碗で口をゆすぐ必要があった（図16）。

図16　お歯黒風景

お歯黒道具を前に置き，鏡を見ながら筆でお歯黒をつけている。

（歌川国貞「化粧三美人（お歯黒）」，北海道立近代美術館所蔵）

上流階級は眉を描く

お歯黒が既婚のしるしだったのに対して、もうひとつの黒の化粧である眉化粧は、身分や階級、年齢、子どもの有無をあらわす役割を持っていた。

また、公家や、大名家など上流武家において、眉化粧は化粧のなかでも唯一、礼法として確立された化粧でもあった。

江戸時代には、上流階級の眉化粧の決まりごとは礼法書に体系化され、眉化粧だけで一冊の書物になるほど重要視された。そのひとつ、小笠原流から派生した水嶋流礼法の書『化粧眉作口伝《まゆつくりくでん》』（宝暦十二年〈一七六二〉）には、年齢別や身分による眉の形や名称、描き方が記されている。

その内容をまとめた『眉の文化史』によると、上流武家の女性の場合、元服前の眉は「ぼうぼう眉」といい、生まれつきの眉に細く芯《しん》を入れた。「芯を入れる」とは、眉墨で眉の中心部を濃く描くことをいう。元服前でも一〇歳から一四、五歳までの眉は「大かた眉」といい、眉毛の下を一文字にそり、芯をいれた。そして年をとると、ほかの眉より小さく墨も薄い「から眉（枯眉）」にした（図17）。

このように身分の高い女性は、ある程度の年齢になると眉をそり落とし、定められた形の眉を描くことが決まっていた。しかし、眉化粧をする年齢や描き方については、大名家

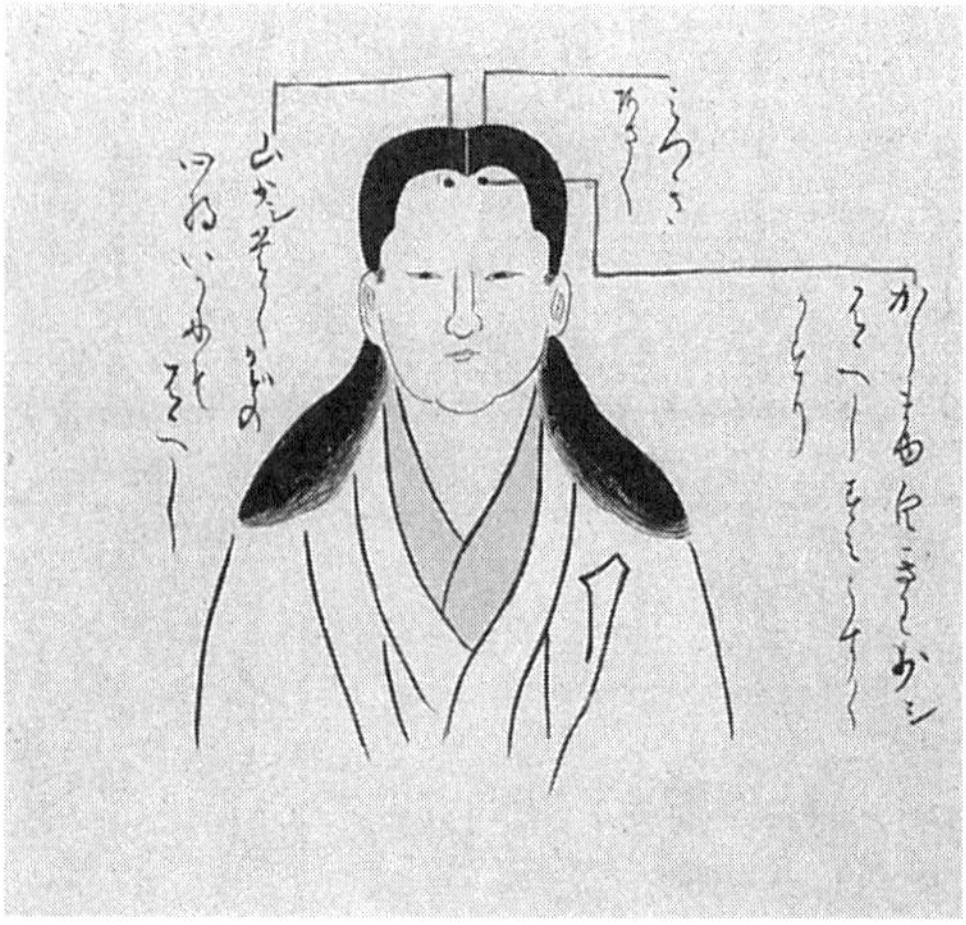

図17　老女のから眉
（『化粧眉作口伝』より，ポーラ文化研究所図版提供）

など家々に伝わる礼法によって微妙に異なっていたようである。

幕末の江戸城大奥の風俗を記した『千代田城大奥』にも、「式日には御台所《みだいどころ》を始め、お目見え以上残らず及びお三の間とも置き眉をなすなり」とある。儀式や五節句などの行事の時には、御台所はもちろん、将軍に目通りできる上級の女中をはじめ、一定の役職以上は眉を描いていたのだろう。大奥の女性は幕末になっても、しきたりどおりに眉化粧を続けていたのである。

眉をそるだけの庶民

一方、庶民の場合は、懐妊がわかってから、あるいは子どもが生まれたあとに眉を全部そり落とした。これも厳密ではなく、歯を染めるのと同時にそり落とすこともあるなど、結婚年齢や地域の風習によって幅があったようだが、いずれにしても子どもができると必ず眉をそるのがルールだった（図9参照）。眉の化粧に関して、上流階級の女性との大きな違いは、上流階級が、そったあとに年齢や階級などを区別する別の眉を描いたのに対して、庶民の場合は、そるところまでは一緒でも、そのあとに眉を描くことはなかった点にある。

上流階級の礼法が庶民にまで降りていく過程で、眉をそるという基本の部分だけが庶民に定着したのである。眉化粧は、上流階級と庶民の身分差を、化粧によってはっきりと示す意味を持っていた。

美容上では、顔だちを引き締める眉がなくなると、一気に老けこんだ印象になる。そのため、懐妊がわかって眉をそり落とすのは、若い女性にとってはうれしい反面、複雑な思いもあったようだ。『誹風柳多留』にも、そり落とした眉を残念に思う娘の心情をよんだ「おしそうにむすめひたいを二ッなで（十三・39）」という句が残っている。

ただし、この眉のルールは、浮世絵では適応されない場合もあった。母と子を描いた浮世絵には、あきらかに母親にみえる女性が眉をそっていない絵柄がかなりある（図18）。『守貞謾稿』によると、その理由は、眉がないと老けてみえるので、浮世絵では二〇歳を過ぎた既婚女性でも、三〇歳以下なら眉を描くという約束事があったからだという。浮世絵も売り物なので、同じ美人画なら、若くみえる方が売れ行きがよかったのかもしれない。当時の人々は、そうした約束事をわかった上で、浮世絵を楽しんだのである。

また、既婚女性は子どもができると眉をそったが、結婚前の若い女性は、顔の形に応じ

図18　子持ちなのに眉がある
(喜多川歌麿「夢にうなされる子どもと母」, 公文教育研究会所蔵)

て眉を整えた。ポイントは、生まれつきの眉を、顔のバランスを考えて、どのように美しくみせるかである。『都風俗化粧伝』によると、短い顔や丸顔は三日月のように細く、長い顔や大顔は少し太めに描くなど、顔の形によって少しずつ眉の描き方は違っていた。

眉を描くのに使う眉墨は、自家製が多かったようで、麦の黒穂（黒穂病にかかって黒くなった麦穂）をもんで粉にしたものや、明かりの灯芯からとった油煙（黒色のすす）などが使われていた。

眉はそるだけでよく、お歯黒水は自家製、五倍子粉も自分で採取すればお金はかからない。そんな「黒の化粧」は江戸時代を通して、全国的に庶民の間で最も日常的におこなわれた化粧だったと思われる。

化粧が薄くなった江戸時代末期に、紅や白粉化粧が日々の化粧というよりよそいきの化粧だったのに対して、お歯黒と眉そりは、既婚女性や子どものいる女性なら日常的に必ずする化粧だったことは、『守貞謾稿』にも書かれている。それは江戸でも上方でも変わりはなかった。

江戸時代に完成した白・赤・黒の三色の化粧は、女性にとってみだしなみであり、おしゃれであると同時に、結婚や出産など人生の節目を彩る大切な意味を持っていた。

しかし、その化粧も時代の荒波にはあらがえなかった。嘉永六年（一八五三）、アメリカのペリーが率いる黒船の来航を機に日本は開国した。幕末の動乱期を経て、明治政府による新しい国家体制がスタートすると、化粧にも新しい変化が訪れることになる。

近代化が変える化粧

明治時代

消えゆく化粧、お歯黒とそり眉

西洋化の時代

明治維新によって、二六五年続いた江戸幕府が終焉《しゅうえん》を迎えたのち、新しく発足した明治政府は、欧米諸国に追いつき肩を並べるための近代化政策を次々と打ちだした。政府の考える近代化とは西洋化であったから、軍事・産業の面では富国強兵・殖産興業に力をそそぎ、風俗に関しては、外から見て変化がはっきりわかるものを、国家主導で洋風に変えようとした。官吏などの洋服着用を推進したのが典型的な例だが、髪型や化粧も政府が進める西洋化の対象に含まれていた。

化粧では、江戸時代まであたりまえだったお歯黒や眉そりが、一転して古い化粧として否定された。その一方、欧米の文化を受け入れる過程で、それまでの日本にはない化粧品や化粧法、美容技術が海外から入ってきた。

そして、殖産興業政策によって化学産業が発展するにつれ、次の段階として近代化学をベースにした化粧品が製造販売されるようになる。石鹼《せっけん》やクリームのように、日本では従来使われていなかった商品も、舶来品を模倣して国内で生産されはじめた。

明治時代は、伝統的化粧品から近代化粧品へ切り替えがはじまると同時に、化粧品産業が近代工業として発展する基盤が築かれた時代だった。

化粧法や化粧品に関する情報は、日刊新聞や月刊雑誌などの新しいメディアによって読者に伝えられるようになる。特に、明治三十年代後半から増えた女性誌は、欧米の美容法を紹介する上で格好の媒体となった。

化粧の近代化は、女性たちの化粧に対する美意識をも少しずつ変えていく。明治時代は、西洋文化と相対したカルチャーショックを乗り超えて、新しい美意識を受け入れるための助走期だったといえるだろう。この章では、近代化によって変わっていく明治の化粧について、江戸時代との違いをふまえながら、その変遷をたどる。

海外からの視線

前章で述べたように、白・赤・黒の日本の伝統化粧は独自の発達を遂げており、欧米諸国との美意識のへだたりはきわめて大きかった。最初に、幕末から明治初期に開国や通商を求めて来日した外国人たちの目に、日本女性の化粧がどのように映ったのかを、振り返ってみよう。

安政六年から文久二年（一八五九―六二）にかけて日本に滞在したイギリスの初代駐日公使、ラザフォード・オールコックは、お歯黒と眉そりを次のように記している。

　歯に黒いニスのようなものを塗りなおして眉毛をすっかりむしりとってしまったときには、日本の婦人はたしかにあらゆる女性のうちで、人工的なみにくさの点で比類のないほどぬきん出ている（中略）このようにみにくくされた女性たちの口は、まるで口を開けた墓穴のようだ（山口光朔訳『大君の都』岩波書店）

江戸時代の日本女性にとってはあたりまえの化粧が、オールコックには醜悪なものに映ったのである。幕末に来日したデンマーク人スエンソンも、若い女性の美しさをほめるかたわら、既婚女性の化粧に対してはオールコック同様の反応を示した。

娘たちが何の束縛も心配もない生活に別れを告げて結婚生活にはいるその日に、娘らしい美しさも失われてしまう。眉を剃り落とし、輝くばかりの白い歯も黒く染めなければならないからである。それまではいたずらっぽく、かつまた愁いをふくんでいた目も表情を失い、唇を開いて気持ちの悪い口の中を見せられるたびに、思わず後退り

してしまうほどだ（長島要一訳『江戸幕末滞在記』新人物往来社）

来日した多くの外国人が見聞録を残しているが、ほとんどの外国人にとってお歯黒とそり眉の風習はどちらもバッシングの対象だった。彼らの美意識を形づくってきたヨーロッパでは、中世に額を広くみせるために眉をそった時期があったものの、ルネサンス以降に眉をそり落とす文化はない。

また、美しい白い歯は伝統的に女性の魅力のひとつとされ、ルネサンスの時代から真珠や象牙にたとえられた。ヨーロッパの十八、九世紀の美容書には歯を白くするさまざまな方法が載っているほどである。白い歯が美しいと考える美意識のもとで育った彼らにとって、わざわざ歯を真っ黒に染める日本の風習は「非文明的」な習慣にほかならず、とうてい理解できなかったのである。

政府主導の改革

新しく樹立された明治政府にとっての重要課題は、江戸幕府の時代に欧米諸国と取り交わした不平等条約を改正することだった。その手段として、政府は欧米列強に追いつくために、文化面でも欧米風の近代化をはかろうとした。そこで打ち出されたのが、化粧や髪型、衣服といった外見の西洋化をトップダウンで推し進める政策である。

化粧に関する最初の布告は、お歯黒と置き眉の習慣に関するもので、対象は公家の男性だった。伝統にのっとり、お歯黒や眉化粧をしていた公卿に対して、改元前の慶応四年（一八六八）一月六日に「男子は今後お歯黒をつけなくてもよい。眉も同様で、若い公卿の眉つくりもする必要はない」という趣旨の太政官布告が出された。

しかし、『ある外交官の明治維新—ミットフォードの回想—』によると、同年三月三日、即位前の明治天皇がイギリス公使パークスを引見した際には、天皇の「お顔の眉は剃り落とされ、ひたいの上に墨で眉が高く描かれていた。頰には紅をさし、唇はきらきらと赤く塗られ、歯はお歯黒で染められていた」というから、この時点では天皇もまだ従来の化粧だった。

明治三年（一八七〇）二月五日に、これから元服する華族に対して「歯を染め眉を掃《は》くのをやめるように」と、今度ははっきりした禁止令が発布されたのは、おそらく先の太政官布告に従わない者が多かったからだろう。対象が華族になっているのは、前年の版籍奉《はんせきほう》還《かん》と同時に、それまでの公卿・諸侯の呼称が華族に変わったためである。

翌四年の八月九日には、一般に断髪令として知られる、男性の髪型に関わる太政官布告が発せられた。この布告は髷《まげ》を切るなど髪型の自由を認めるもので、官吏および華士族に対しては、同時に制服・略服・脱刀《だっとう》についても自由を認めている。

続いて明治五年に、公式行事に着用する文官の礼装に洋服が制定された。同じ年には郵便外務員に、制服として洋服が支給されている。このほかにも軍人・警官・鉄道員などの制服が順次洋服になるなど、頭から足の先まで、政府が指示しやすい官吏などから衣服や髪型の近代化は進んでいった。

西洋の生活様式を取り入れようとする一連の政策を、人々は文明開化とよんだ。庶民にとって変化がいちばん実感できたのは散髪だったのだろう。「ざんぎり頭を叩いてみれば文明開化の音がする」という俗謡が流行したのもこの頃である。

男性の断髪に影響されて、東京ではこの際とばかりに断髪する女性があらわれた。これに対して当時の東京府は、明治五年の四月五日に「女子の断髪を禁止、断髪は男子に限る」という布告を出している。明治五年は西暦一八七二年だが、この頃には政府が模範にした欧米でさえ、女性は長い髪で大きなシニヨン（髷）を結っていた。いかに開化といえども、女性が髪を短く切るのは時期尚早。絶対に認められない行為だったのである。

翌年の六年は、女性の化粧にとって大きな節目の年になった。三月三日に、皇太后や皇后が黛《まゆずみ》や鉄漿《おはぐろ》をやめたと宮内省が発表したのである。これをうけて、女官や華族の女性は追随したといわれている。

皇后や皇太后が化粧を変えた約半月後の三月二十日、明治天皇がはじめて断髪にした。その日の午前に、いつものように女官に髪を結わせ、淡く白粉をつけて外出した天皇が、戻ってきた時には散髪していたので、女官たちはみな驚き嘆いたと『明治天皇紀』は伝えている。天皇が髷を落とすまでに断髪令から約一年半かかったという事実は、伝統を重んじる宮中のしきたりを変えるのが容易でなかったことを意味している。

このように、宮中まで巻き込んだ外見上の改革は、明治初期から矢継ぎ早に進行していった。

お歯黒化粧の衰退

上流階級や官吏などから風俗の西洋化を進めた政府だが、ほとんどの日本女性にとっては、元号が明治になったからといって、日々の生活が一変するものではなかった。

しかし、明治四年頃から、民間でも女性のお歯黒やそり眉の風習を廃止しようと議論が盛り上がった。明治四年七月刊の『新聞雑誌』は、「女性が歯を染め眉を落とすのは生来の美をそこなう因習であり、政令で禁止すべきである」などと、文明開化を意識した意見を載せている。

あまり知られていないが、文明開化の立役者福沢諭吉も、女性のお歯黒とそり眉を蛮習と考えたひとりである。福沢は『学問のすゝめ』を出版した同じ年の明治五年に、これらを風刺した寓話の小冊子を出版して、長く続いた習慣をやめさせようとしている。

実際に女性のお歯黒に変化があらわれるのは、明治六年に皇后や皇太后がとりやめたと宮内省が発表して以降だろう。政府としては一般女性もこれを機に改めてほしかったのだろうが、既婚女性がそのシンボルともいえるお歯黒をやめるのは、それまでの美意識や価値観の一大変革になるだけに、強制力のある禁止令の形はとっていない。

明治十六年からはじまった鹿鳴館《ろくめいかん》時代にドレスを着なければならなかった上流階級は別として、変化は庶民の間ではゆるやかだった。

明治二十九年一月の『風俗画報』は、

近来は欧米の風俗頻《しきり》に行はれて涅歯《でつし》を野蛮《やばん》の遺風なりとなし、自然の美をこそこなふわざなれと卑《いや》しめ、中以上の婦妻は大抵《たいてい》白歯なり。年波繁《としなみしげ》き老女のみは依然其歯を染るもあり。風俗中の一変革といふへし

と、お歯黒（涅歯）の衰退ぶりを伝えているが、これはあくまで都市の話だろう。

地方の実態を知る資料に、和歌山県和歌山市で開業していた歯科医中村好正がおこなっ

た調査がある。そのデータによれば、明治二十六年一月から十二月までの一年間に来院した有歯の既婚女性二八八人のうち、お歯黒をつけている人は二〇二人、およそ七〇％だったという（樋口輝雄「明治中期のお歯黒習俗について」『日本歯科医史学会会誌』第二六巻第三号）。

お歯黒廃止が唱えられて二〇年以上経ったにもかかわらず、この地域では白歯の既婚者はわずか三割にすぎなかった。お歯黒は徐々に減ったとはいえ、やめる時期には地域差や個人差があったのである。

実は明治なかばに、お歯黒の衰退に逆行するように、水で溶かすだけで黒く染まる粉末タイプのインスタントお歯黒が発売され、新聞にひんぱんに広告が掲載された。このことからも、女性がお歯黒の習慣をすぐにはやめなかったことがわかる。むしろ、簡単につけられる商品の登場が、お歯黒の延命に手を貸したともいえるだろう。

このインスタントお歯黒の代表的なブランドに、大阪益田第一堂の「べんりおはぐろぬれからす」がある。『朝日新聞』に「ぬれからす」の広告がはじめて掲載されたのは明治十七年。大阪発祥の『朝日新聞』は明治二十一年に東京に進出したが、「ぬれからす」の広告は『東京朝日新聞』に明治三十四年まで掲載された。

さすがに明治三十年代になると広告自体が減っているので、広告出稿が見合わなくなる程度に需要が先細りしていたのだろう。

とはいえ、『東京小間物化粧品名鑑』の大正二年（一九一三）版や『小間物化粧品名鑑』の昭和七年（一九三二）版に、まだインスタントお歯黒の商品が残っていることから考えて、東京でもお歯黒が完全になくなるまでには長い時間がかかったといえる。

お歯黒と一緒に問題視された眉をそり落とす習慣も、お歯黒同様、少しずつすたれていった。

そり眉から太眉へ

明治八年生まれの京都の女流画家上村松園《うえむらしょうえん》は、母の眉そりを見ていた子どもの頃の思い出を、「母の眉は人一倍あおあおとし瑞々しかった。母は毎日のように剃刀《かみそり》をあてて眉の手入れをしていた」と随筆『青眉抄《せいびしょう》』に記している。

この場合の「あおあおとした眉」とは、そり落として青さが残る眉のあとのことである。彼女の記憶に残る子どもの頃とは明治十年代だろう。皇后や皇太后が眉そりや眉つくりをやめたからといって、一般女性がすぐに従ったわけではないことが、このエピソードからもよみとれる。

明治三十一年刊の森三渓編『江戸と東京』によると、「明治以後、眉を剃、歯を染むるの風は僻習なることを知り、江戸は率先して打破したれば、今は殆んど其の風滅せんとす」とある。

しかし、明治四十年刊の『婦人世界』臨時増刊『化粧かゞみ』には、東京でも下層の婦人はお歯黒や眉そりをしており、地方ではそうした女性がまだ多数を占めていると書かれているなど、本によっても差があった。

結局のところ、眉をそり落とすのも、お歯黒と同じで地域差や個人差があり、完全になくなるには時間が必要だったのである。

眉をそり落とさないとなると、生来の眉をどう整えるかが眉化粧のポイントになるのだが、顔に似合う眉の描き方は、基本は江戸時代のやり方を踏襲していた。眉を描いて整えるには眉墨を使った。当時の眉墨は自家製も多く、卵黄の油煙、桐やコルクを焼いた粉末などが用いられた。

目新しいものでは、前述の『化粧かゞみ』に、芯の柔らかい2Bなどの鉛筆を使う方法が載っている。鉛筆が国内で大量生産されはじめたのは明治三十年代に入ってからなので、明治四十年頃に鉛筆を使うのは当時では新しいやり方だったのだろう。

眉の太さの傾向をみると、明治末期には、若い女性の間で太眉が流行していたようだ。

その様子は日露戦争の頃に一大ブームを巻き起こした、美人絵はがき（現在でいうブロマイド）などの写真からみてとれる。絵はがきのモデルは人気の芸妓《げいぎ》が多いが、写真に残る彼女たちは太くくっきりした眉の持ち主が多い。

明治四十年には、時事新報社が一般女性を対象に、写真による美人コンテストを主催したが、このコンテストで優勝した末広ヒロ子（図19）や、二位の金田ケン子もりりしい太眉美人だった。

図19　末広ヒロ子
（『日本美人帖』〈明治41年刊〉より，ポーラ文化研究所図版提供）

有名芸妓や、美人コンテスト上位入賞者の写真をみる限り、明治末期の美人はぽっちゃりした顔だちに似合う太眉で、しかもぱっちりとした二重まぶたが目につく。細面《ほそおもて》に切れ長の目をした浮世絵風美人から、ふっくらと健康的で目の大きな近代的美人へ。美人のタイプも西洋的な要素を持つ顔立ちが頭角をあらわしてきたのである。

新しい化粧の息吹、洋風化粧の導入

近代化粧品産業の誕生

明治初期、政府は海外から技術者を招いて、化学の分野でも積極的に知識や技術を導入した。その成果は化粧品の研究開発にも応用され、舶来品を模倣した国産の洋風化粧品が、次々と生産されるようになる。それだけでなく、長年使われてきた伝統化粧品が、近代の化学知識を得て改良されるケースもあった。

ここで、明治に創業した代表的化粧品会社についてみてみよう。昭和四年（一九二九）刊の『平尾賛平《ひらおさんぺい》商店五十年史』は、「明治の化粧品界における四大覇者《はしゃ》」として「白粉の御園《みその》」「歯みがきのライオン」「クリームのレート」「洗粉《あらいこ》のクラブ」の四社をあげている。

この四社を創業年の早い順に並べると、「レート」ブランドの平尾賛平商店が明治十一年（一八七八）。「高評《こうひょう》石鹸」や「獅子印ライオン歯磨」が有名な小林富次郎商店が明治二十四年。「クラブ洗粉」などで知られた中山太陽堂が明治三十六年。「御園白粉」の伊東《いとう》胡蝶園《こちょうえん》が明治三十七年となる。小林富次郎商店は、家庭用トイレタリー大手、ライオンの前身。中山太陽堂は、クラブコスメチックスの社名で、今も「クラブ」ブランドをはじめとする化粧品を製造販売している。

これらのうち、大阪が拠点の中山太陽堂と、東京に本社がある平尾賛平商店は、のちに「西のクラブ、東のレート」と称され、昭和前期までの化粧品業界をリードする双璧になった。

また、現在、国内化粧品業界トップの資生堂と二位の花王も、明治時代からの老舗である。資生堂は明治五年に西洋風の処方調剤薬局として創業した。創業者の福原有信《ふくはらありのぶ》は西洋薬学を学び、明治二十一年に日本初の練歯磨「福原衛生歯磨石鹸」を発売。明治三十年から本格的に化粧品事業に参入している。

一方、花王の創業は明治二十年。初代長瀬富郎《ながせとみろう》がその前身になる洋小間物商「長瀬商店」を起業して、明治二十三年に「花王石鹸」の販売をはじめた。

明治時代に近代化粧品の製造販売に成功した会社は、欧米の化粧品製造に関する知識を持つ、医学や薬学の専門家の助力を得て事業を展開したといえる。化粧の近代化は、お歯黒や眉そりをやめるなど、伝統的化粧法が変わるのと並行して、国産の洋風化粧品が開発されたことで進んだのである。

公衆衛生と石鹼

その新しい洋風化粧品のひとつが石鹼だった。江戸時代に「しゃぼん」といわれた石鹼は、十六世紀末期の鉄砲伝来と同じ頃に、交易のあったポルトガルから日本に伝えられたといわれている。

「しゃぼん」は、江戸幕府を開いた徳川家康の遺品を記した『駿府御分物御道具帳之覚《すんぷおわけものおどうぐちょうのおぼえ》』（元和二年〈一六一六〉）に、伽羅《きゃら》や沈香《じんこう》などの高価な香木に混じって記載されている。しかし、江戸時代には一般に普及することなく、本格的に使われるのは明治時代に入ってからだった。

石鹼は明治の早い時期から官民あげての取り組みにより、国産品が開発された。その背景には、欧米先進国にならって公衆衛生を普及させ、一刻も早く文明国家の仲間入りをしようと考える政府の方針があった。石鹼は、からだを清潔にして、伝染病などの病気を防ぐために必要と考えられたのである。

国内で最初に石鹼を製造したのは、化学技術の研究・教育のために創設された官営の京都舎密《せいみ》局で、明治五年のことだった。ちなみに「舎密」とは、オランダ語の「chemie（化学）」に漢字をあてたものである。

ここではお雇い外国人を教師にして、製薬・石鹼・ガラスなどの製造実験がおこなわれたが、石鹼はあくまで工業用の研究開発が目的だったので販売はしていない。翌年の六年、横浜で堤石鹼製造所が創業。民間ではじめて洗濯屋向けの棒状洗濯石鹼を発売、明治七年には化粧石鹼の製造に成功している。

明治十年代以降、日本各地でコレラや天然痘などの伝染病が何度も流行した。この時、伝染病の消毒用として、また陸軍や海軍などの団体生活の場で病気の予防に石鹼が用いられ、一般の人々への認知が高まったといわれている。

国産石鹼が市場に流通するようになってからも、化粧に用いる洗顔石鹼となると、外国製とくらべて国産品の品質は玉石混淆《ぎょくせきこんこう》だった。そのせいか、明治中期から末期の美容書には、石鹼のアルカリで肌が荒れるので、顔を洗うには洗粉など伝統的な洗顔料の方がよいと警鐘《けいしょう》をならした記事が多い。

伝統的な洗顔料には、米ぬかを入れたぬか袋、小豆粉《あずきこ》や滑石《かっせき》などの粉末を混ぜた洗粉、うぐいすのふんなどがあった。これらのうち洗粉は、明治化粧品界の四大覇者のひとつ、中山太陽堂が明治三十九年に「クラブ洗粉」を売りだした。天然の植物原料中心に処方を改良した「クラブ洗粉」は、品質のよさから圧倒的人気だったという。

旧来の洗顔料も、石鹸に負けない商品力をつけるため、時代に即してリニューアルされたのである。

西洋処方のスキンケア

明治時代の代表的なスキンケア商品は、洗顔料を除けば化粧水とクリームだった。このうちの化粧水は、明治十年代から西洋医学や薬学の知識を導入した新製品が製造されるようになる。

明治十年代のヒット商品は、十一年に発売された「小町水《こまちすい》」（平尾賛平商店）である。蘭方医が処方したこの商品は、化粧下地になるだけでなく、あせも・そばかす・吹き出物などにも効果があるといわれて人気になった。

明治二十年には、これも西洋医学に学び、ニキビ治療に使うサリチル酸を配合した「にきびとり美顔水」（桃谷順天館《ももたにじゅんてんかん》）が大ヒットした（図20）。また、明治三十年には、資生堂が化粧水「オイデルミン」を売り出している。発売当初の処方が『資生堂百年史』に載っているが、それによるとアルコール・グリセリン・フェノールフタレイン液・蒸留水などに香料を配合するなど、西洋処方を取り入れた近代化粧品だったことがわかる。

洋風の化粧水は、肌を整える目的のほか、白粉の下地として、あるいは白粉をとく水の代わりに使われた。

一方、クリームは、水と油を乳化させるという、日本の伝統化粧にはない新しい商品だった。国産品では明治二十年代初期に、大日本製薬からコールドクリームが発売されたが、品質的に未熟だったようで、あとが続いていない。

クリームの広告がはじめて『東京朝日新聞』と『読売新聞』に掲載されたのはどちらも明治三十五年。日新館薬房が発売した「舶来あれしらず　原名　コールドクリーム」が最初だった。この頃には、舶来品が先行して使われていたと思われる。

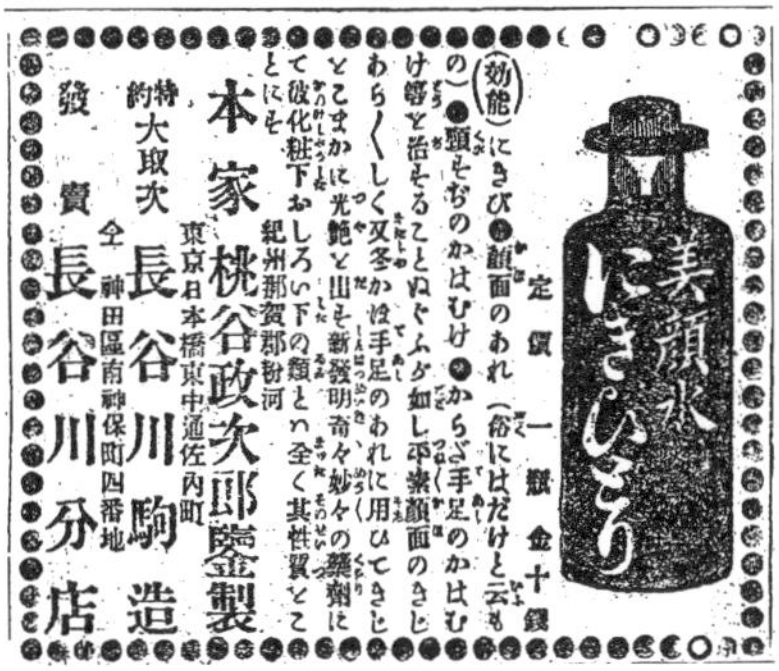

図20　「にきびとり美顔水」の広告
（『読売新聞』明治23年３月２日より）

国産品では、平尾賛平商店の「クレームレート」をはじめ、中山太陽堂、伊東胡蝶園など有名化粧品会社のクリームが、いずれも明治三十年代末から四十年代に発売された。発売時期が化粧水よりかなり遅いのは、おそらく乳化技術などのハードルを越すのに時間がかかったせいだろう。『東京朝日新聞』と『読売新聞』のクリームの広告も、明治四十年頃から急に増えている。

国産クリームが増えた明治末期に、クリームを化粧水の代わりに白粉の下地にして、上から粉白粉をはたく欧米の化粧法が、新聞や女性誌で話題になった。しかし、安価な国産品が市場にでまわるようになったのが明治末期だったため、実際にクリームが普及するのは大正時代に入ってからになる。

鉛白粉から無鉛白粉へ

「黒の化粧」のお歯黒と眉そりは衰退の道をたどったが、「白の化粧」の白粉化粧は、明治になっても化粧の中心であることに変わりはなかった。しかし、明治時代には商品としての白粉に、ふたつの画期的な変化があらわれた。そのひとつが無鉛白粉の開発である。

人のからだに健康被害をもたらすにもかかわらず、鉛白粉は明治になっても愛用されていた。ただ、その毒性は業界関係者の間で早くから問題視されており、無害な白粉をつくろうという取り組みがはじまった。

明治十一年の春、薬舗「日進堂」の店主である山崎塊一と、茂木春太《もてぎはるた》・重次郎《じゅうじろう》兄弟の三名は、共同で組合を設立して、無鉛白粉の原料になる亜鉛華《あえんか》（酸化亜鉛）製造法の開発に着手した。

最初はうまくいかず共同事業の話は消滅したが、茂木兄弟はふたりだけでその後も開発を続け、日本ではじめて亜鉛華の製造に成功した。その時期は、明治十一年の秋から年末頃と推測されている。兄弟は、明治十二年三月に、晴れて内務省から亜鉛華の生産・販売を公認する製薬免許を取得した。

明治十二年九月以降の『読売新聞』には、山崎塊一製の「洋法薬おしろい　花の宴」や芙蓉軒《ふようけん》の「新発明無害白粉　玉芙蓉」など、無害・無鉛を切り口にした白粉の広告が出稿されており、茂木兄弟の開発した亜鉛華が使われた可能性が高い。

しかし、白粉など薬用だけでは販売量が少なかったため、兄弟は塗料用の亜鉛華の研究に取り組み、明治十四年に光明社を設立した。この光明社は、現在の総合塗料大手、日本ペイントの前身にあたる。いわば方針変更が功を奏したわけだが、そのルーツが白粉の開発にあったとは意外なエピソードといえるだろう。

この時期に無鉛白粉の需要が伸びなかった最大の理由は、鉛白粉の毒性を人々がまだ実感していなかったからと思われる。鉛白粉がからだに与える害を庶民がはっきりと認識したのは、売れっ子の歌舞伎役者中村福助《なかむらふくすけ》の鉛中毒事件が世間を騒がせてからだった。

事件があったのは鹿鳴館時代の明治二十年。外務大臣井上馨《いのうえかおる》邸で開催された天覧歌舞伎の場で、源義経役を務める中村福助の足が震えてとまらなくなり、花道をかかえられて退場するはめになった。原因がわからず何人もの名医の診察を受けた結果、最終的に慢性鉛中毒による症状と診断されたのである。

この話が広まって女性たちを震撼させたのをきっかけに、無鉛白粉の研究が本格化した。とはいえ、満足できる品質の商品はすぐには開発できなかったようである。明治三十三年四月に、内務省令で「有害性着色料取締規則」が公布され、飲食物・化粧品・おもちゃなどへの鉛の使用が禁止になった。ところが白粉だけは例外あつかいになり、継続使用が認められた。その理由は、代替品が急には用意できなかったからだといわれている。

化学者長谷部仲彦《はせべなかひこ》が、完全無鉛の「御園白粉」を発売したのは、この翌月の明治三十三年五月のことである。長谷部はフランスに国費留学をして化粧品を研究した経験をもとに、明治二十年代から無鉛白粉の開発に取り組んでいた。つまり無鉛白粉の開発は、政府による化学者育成のたまものだったということができる。

「御園白粉」は、最初は大手にくらべて資本力に劣るため知名度が低かったが、四年後の明治三十七年に、資金を提供した伊東栄と「胡蝶園」を設立して広告宣伝に力を入れてから、品質のよさが知られて明治を代表する人気商品になった（五年後の四十二年に商号を伊東胡蝶園に変更）。

「御園白粉」の発売を機に、明治三十年代後半から無鉛白粉が続々と製品化され、化粧品産業の主力商品に育っていった。

それでも鉛白粉の使いやすさは格別だったようである。当時の美容書は、必ずといってよいほど鉛白粉の害に言及しているが、一方で、つき・のび・つやのどれをとっても鉛白粉がまさっていると述べた本も多い。

猶予期間を設けられた鉛白粉の法改正がなされたのは、昭和五年である。しかもその内容は、昭和八年中に鉛白粉の製造を禁止、九年十二月三十一日以後店頭で販売および在庫を持つことを禁止するというものだった。実際にはさらに一年の延長期間があったので、鉛白粉はその害が広く知られてから半世紀近くにわたって、市販され続けたことになる。

肉色白粉の出現

無鉛白粉の開発に続いて、白粉におこったもうひとつの画期的な変化とは、白一色だった白粉に、欧米で使われていた「肉色（注・肌色のこと）」が加わり、生来の肌の色を生かす化粧法が提唱されはじめたことである。

そもそも「おしろい」は漢字で「白粉」、文字通り白い粉と書くことからもわかるように、白い肌にこだわる伝統化粧の美意識を残した言葉である。しかし、「肉色白粉」の出現により、「白粉は白」という化粧の根幹に関わる美意識までもが、西洋化への一歩を踏みだした。

明治二十九年の『風俗画報』に、「肉色白粉」のさきがけともいえる「賞美おしろい」の広告が載っている。商品は水白粉と練り白粉の二種類で、「白」と「肉色」の二色があった。明治二十年代末に商品はあったといえるが、それを使って肌を自然に美しくみせる化粧が雑誌や美容書で話題になるのは、四十年頃からである。

「肉色」は、「にくいろ」「にくしょく」のどちらの読みもあり、「淡紅」「紅」と書いて「にく」と読ませるなどのあて字もあった。

今の感覚では「肉色」とはどんな色なのかと首をかしげるところだが、江戸時代の美容書『都風俗化粧伝』でも、至って薄い紅を「肉の色」のようにほんのり目じりに塗るなどの表現があるので、特に不自然ではなかったのである。

国産品では資生堂が明治三十九年に、黄色の「かへで」と肉色の「はな」という二種類の「無鉛毒練り白粉」を発売した。人気の白粉ブランド、伊東胡蝶園の「御園白粉」にも、同じ年には「淡紅色《にくいろ》」があったので、国産品はこの頃に出はじめたのだろう。

明治四十年代になると、女優として日本ではじめて欧米各地を興行した川上貞奴《かわかみさだやっこ》が、雑誌や美容書で肉色白粉の化粧を紹介して、この洋風化粧は一層注目された。

川上貞奴は海外での見聞をもとに、ヨーロッパの白粉化粧を次のように語っている。

「白」対「肉色」

西洋人の化粧は、自分の肌の生地《きぢ》を綺麗に見せると云ふのが趣意ですから、其《その》白粉も生地に適《うつ》るやうに製《つく》られて居るのです。さて、其《その》色の種類は、白の外《ほか》に桃色、黄色などがあり、その色にも亦《また》濃ひと薄いのがあります。（中略）この黄《きば》んだ白粉なぞは、最も日本婦人《こっちのひと》に誂向《あつらえむき》です。（中略）いづれ日本婦人に歓迎されるやうになりましやう（『新化粧』明治四十年刊）

川上は、西欧では各人が自分の肌の色にあった白粉をつけているといい、多くの色がある白粉から、黄味がかった色を、日本人に合う色として紹介した。

この意見に対して、明治を代表する美容家藤波芙蓉《ふじなみふよう》は、明治四十三年刊の『新式化粧法』のなかで「誤れる貞奴の西洋化粧法」と題して真っ向から反論した。藤波によると、黄色人種の顔に黄色い白粉では「黄疸病《おうだんびょう》的化粧法」になってしまう。白粉はあくまで白が基本、有色白粉は副粧品に過ぎないというのである。

「白」対「肉色」。それは日本と西洋の美意識の対立でもあった。大正から昭和にかけての長い期間でみると、貞奴の予見した通り、肌色など色つきの白粉が主流になり、現在に至っている。ただ、明治末期に使われた「肉色白粉」の使用者は、洋服を着る機会がある上流階級や、夜の電灯にはえる顔色にしたい芸妓など、まだまだ少数派だった。

そして、そのなかには海老茶袴《えびちゃばかま》に編み上げ靴をはいた、和洋折衷スタイルの女学生も含まれていた。

明治四十年四月十二日の『読売新聞』は、東京の本郷・神田のおもな化粧品店を調べた結果、最近の傾向として、顔の色を赤くみせる「紅白粉《にく》」と、化粧下地のクリームを使う女学生が、大いに増えたと伝えている。流行に敏感な女学生は、最新の肉色白粉にさっそく飛びついたのである。明治なかばに生まれて都会に暮らす彼女たちは、新しい洋風メイクをおしゃれと感じる西洋的美意識を持っていたのだろう。

化粧する女学生

ここで女学生の化粧について補足しておこう。明治後期の高等女学校に通う生徒たちは、だいたい一二から一六歳頃までの、一〇代なかばの年頃だった。少女ともいえる年齢の彼女たちが化粧をしたのか、と疑問に思う向きもあるだろう。しかし実際は、明治時代の女学生にとって、化粧は必要なみだしなみのひとつだった。

もともと明治時代の高等女学校に通うことができるのは、生活にゆとりのある良家の子女に限られていた。彼女たちの多くは、高価な舶来化粧品でも購入できる裕福な階層に属していたのである。

明治二十八年四月四日の『読売新聞』には、すでに女学生の化粧に関する記事が載っている。要約すると、山の手の某高等学校の生徒たちに、紅や白粉をつけて薄化粧をする者が増え、今や全校生徒のほとんどが化粧しているというのである。これに対して新任の校長は化粧を禁止にして、守らないものは退校処分にする方針を打ち出した。

このケースのように、女学生の化粧を認めるか否かは、学校長の裁量によるところが大きかったようである。特に鉛白粉の毒性が広く知られた明治三十年代なかばには、その毒性とみだしなみを天秤にかけて、どちらを重視するかという観点から、教育者の間で化粧の是非をめぐる議論がかわされた。これも賛否両論があったのだが、こうした議論があったこと自体、化粧の重要性が学校教育の場に浸透していた証左といえるだろう。

化粧品会社からすれば、おしゃれに興味を持つ年頃の女学生は格好の顧客である。「大学白粉」を発売していた矢野芳香園《やのほうこうえん》は、この問題を逆手にとって、明治四十一年の『東京朝日新聞』に「女学校の白粉問題　何故《なにゆえ》女学生の白粉を禁ぜしか」という広告を出している。その広告は、女学校で一時白粉が禁止になったのは鉛白粉が有害だからだが、「大学白粉」は無鉛なので化粧禁止を解決することができた、と自社商品を強烈にアピールする内容だった。

矢野芳香園に限らず、明治・大正時代に発売された白粉やクリームの広告や能書きには、通学時の化粧用にと、はっきり書かれたものがある。女学生向けの雑誌『女学世界』にも、明治末期になると、化粧の仕方を教える記事が増えた。それは女学生の化粧が、社会的に認められていたことのあかしといえる。

とはいえ化粧が濃いとなると、今度は「堕落女学生」と非難されたので、あくまで薄化粧が基本だったのはいうまでもない。

変わらない口紅

化粧品や化粧法が少しずつ洋風化していった明治時代において、「赤の化粧」の口紅だけは江戸時代と変わらなかった。紅花から抽出した紅などを小皿に塗った、昔ながらの小町紅が主流だったのである。明治末期に舶来品の口紅がわずかに輸入されていたが、まだ話題になるほどではなかった。

そのため紅のつけ方も江戸時代と同じで、指や筆を使っておちょぼ口のように小さく描いていた。唇が厚い人は唇の内側に小さく紅をさし、薄い人は色を濃い目にするなどの修整法も、江戸時代と同じである。ただし紅花の口紅をつける場合でも、文化・文政期のように玉虫色（緑色）の光沢がでるほど濃くつけるのは、流行遅れといわれていた。

一方、変化のない口紅に対して、明治末期になると頬専用の「頬紅」が販売されるようになる。江戸時代にも紅を頬につけるのが流行した時期はあったが、使う紅は口紅と同じだった。しかも幕末には、質素を重んじる天保の改革の影響で、紅化粧そのものがひかえめになっている。頬に紅をつける化粧が、明治末期にふたたび注目されたのは、欧米の化粧の影響もあったと考えられる。

明治末期の頬紅は、舶来品に混じって、伊東胡蝶園や伊勢半などから国産品も発売されていた。美容書に頬紅の記述はまだ少ないものの、明治三十九年刊の『化粧の手引』には、頬の色は白いだけではだめで、生きている人間には血の気がなくてはいけないから頬紅が必要だとあるなど、頬紅を推奨する文章がみられる。頬紅が流行するのは大正時代だが、その前兆は明治末期にすでにあらわれていた。

エステのルーツ、美顔術

ここまで述べてきた洋風化粧の集大成といえるのが、明治末期に話題になった「美顔術」である。美顔術は、クリームなどの洋風化粧品や専用の器具などを用いて総合的に肌のケアをする、現在のフェイシャルエステのルーツといえる美容法だった。

美顔術については、横浜山下町でパレス・トイレット・サロンを経営する理容師芝山兼太郎《しばやまけんたろう》が最初に導入したという説や、東京京橋区竹川町に理容館を開業した美容家の初代遠藤波津子《えんどうはつこ》がはじめたという説などがある。どちらも明治三十八年がはじまりといわれており、キャンブルーというアメリカ人の技術を学んだ点も共通していた。

『報知新聞』の女性記者磯村春子《いそむらはるこ》は、初代遠藤波津子の理容館に取材に行き、みずからも美顔術を体験した。磯村の著書『今の女』から、その施術プロセスを要約してみよう。

当時の美顔術の施術は寝椅子に横たわっておこなわれた。まず、熱い湯にひたしたタオルで顔を温めたあとにクリームをすりこみ、吸引カップで汚れを吸いとる。次に石鹼をゴムブラシにつけて、顔からのどにかけて洗い、タオルでふきとる。その後、マッサージクリームをつけ、ローラーを使いながら指先で肌をマッサージする。最後にまた熱いタオルで顔を温め、水気をふきとって終了となる。仕上げに、お客の好みにより濃くも薄くも化

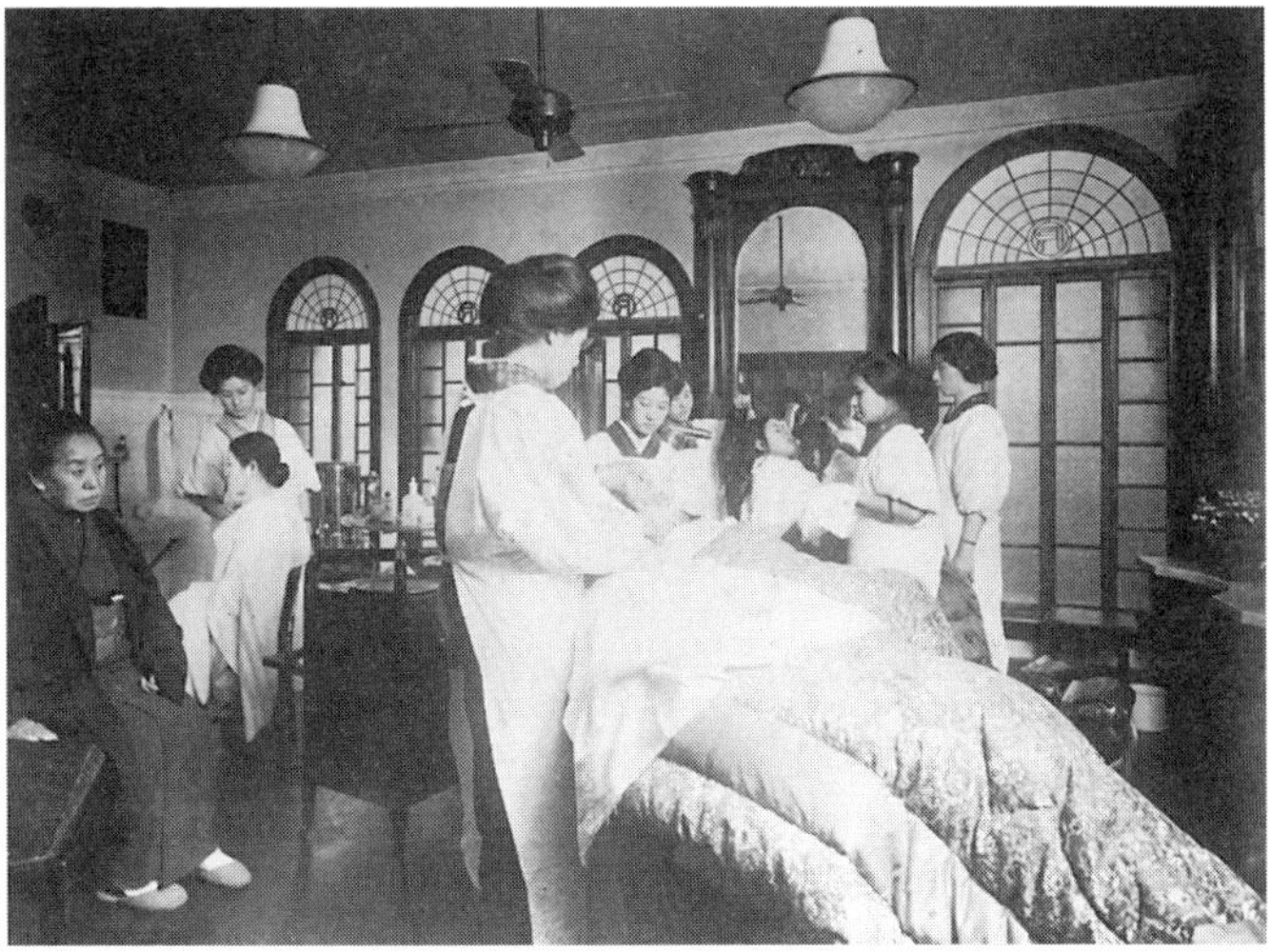

図21　遠藤波津子の理容館
美顔術の施術風景。（株式会社遠藤波津子美容室所蔵）

粧をしたという。

磯村は「催眠状態とでもいふ様な心持ちになった」と感想を述べているから、よほど気持ちがよかったのだろう。吸引カップにローラー、ハンドマッサージなどを駆使して顔を手入れする美容法は、それまでの日本の化粧では例がなく、美顔術はハイカラな風俗として大評判になった（図21）。

明治四十二年九月四日の『東京朝日新聞』は、「文明開化の東京に、最新流行美顔術、（中略）朝から晩までおめかしで、都大路を大《おお》威《い》張《ばり》、ハイカラーぢゃないかいな」という書き出しで、理容館の繁盛ぶりを紹介している。

理容館の顧客は政財界関係者の夫人や令嬢から役者、芸妓など、そうそうたる顔ぶれだったという。

この美顔術、一回あたりの値段は約四〇分のコースで五〇銭。当時のかけうどんやそばが一杯三銭程度だったから、約一五杯分に相当する。一度で五〇銭という値段は、庶民にはかなりのぜいたくである。

しかし、ひとつが一円、二円はあたりまえの舶来化粧品を惜しげもなく買うことができる富裕層にとって、寝ているだけで見違えるようになるといわれた美顔術は安いものだったのだろう。

化粧の周辺——広告・服装・髪型・化粧意識

美人芸妓の広告

明治時代は印刷技術の進歩により、新聞や雑誌などの活字メディアが台頭した時代だった。明治三年（一八七〇）の『横浜毎日新聞』を皮切りに、明治初期から日刊新聞が続々と創刊され、二十七年の日清戦争以降には雑誌の創刊が相次いだ。明治三十年代なかばからは、女性を対象にした総合雑誌の出版ブームが起こり、『女学世界』『家庭之友』『婦人画報』『婦人世界』などが出版されている。

中流以上の読者をターゲットにした『婦人画報』（明治三十八年創刊）を例にとると、明治四十年を過ぎる頃から、化粧品の使い方、季節ごとの化粧法、流行の髪型などの美容関連記事が増えている。化粧品広告の出稿が本格化したのも同じ明治四十年からだった。

明治末期に、美容関連の記事や化粧品広告が増加したのは、ほかの女性誌にも共通する傾向といえる。

日露戦争を契機に部数を大きく伸ばした新聞も、明治末期には化粧品広告が増えた。『日本広告発達史』によると、明治四十一年から四十三年までの化粧品広告の出稿量は、売薬に次いで二位を占めるまでになっている。

日露戦争が勝利に終わった明治三十八年頃は、軍需成金や、株の暴騰によるにわか成金が生まれ、日本は一時的に好景気にわいた。生活にゆとりが生まれた女性たちは、広告や美容記事をみくらべて、商品を選んでいたのだろう。

明治時代の化粧品広告には、江戸時代に引き続いて、女性に人気の歌舞伎役者が起用されていたが、明治四十年代になると、美人絵はがきに登場する人気芸妓が新たに加わった。

広告のモデルになった芸妓のなかでも、最初に名前があがるのが赤坂の万龍《まんりゅう》である（図22）。明治四十一年に月刊誌『文芸倶楽部』で発表された芸妓の写真コンテスト、「日本百美人」で一位に選ばれた万龍は、同年、花王の前身・長瀬商店の「赤門白粉」「二八水」の雑誌広告に写真が載っている。明治四十三年には「花王石鹸」のポスターや、矢野芳香園の「大学白粉」の広告モデルになっている（図23）。他業種では三越呉服店（現在の

図22　万龍の美人絵はがき

図23　万龍の白粉広告
(『婦人世界』明治43年６月号より)

日本橋三越本店）やカブトビールのポスターに起用されるなど、まさに各社からひっぱりだこだった。

芸妓の起用は、名前を売りたい芸妓と、写真時代の到来を背景にリアルな女性モデルを求める化粧品会社の、どちらの側にもメリットがあった。いわゆる「しろうと」の女性はめったに表に出ない明治時代に、絵はがきブームに乗って全国的に写真が流通していた有名芸妓は、時代を代表する美人であり、現在のタレントやモデルのような存在だったのである。

洋装と髪型

明治時代を通して女性の化粧を振り返ると、化粧の変化はゆっくりとしたペースだった。明治初期から廃止を唱えられたお歯黒や眉そりでさえ、そう簡単にはなくならなかった。旧来の化粧習慣を変えるのに時間がかかった理由のひとつに、女性の洋装化が男性にくらべて遅れたことがあげられるだろう。明治時代の女性のファッションは、上流階級や富裕層以外は、明治末期になっても和服のままだったのである。

一般に、化粧や髪型は、衣服や生活様式の変化に連動して変わることが多い。明治時代でも男性の場合は、断髪令が出されたほぼ同じ時期から、人目につく官吏や軍人の制服に洋服が制定されるなど、断髪と洋装がセットになりトップダウンで着々と西洋化が進んだ。

しかし、女性の場合、明治末期になっても庶民の女性に洋装は普及しなかった。というのも、当時の洋装のドレスは、現代の価格に換算すると、仕立て代を含めて一着数十万から数百万円もする高価なしろもので、上流階級や富裕層でもなければ着る機会はなかったからである。

さらに、外で働く男性と異なり、社会進出の機会がほとんどない庶民の女性に対して、政府が洋装を強制する必要性もなかった。着るものが和服のままでは、お歯黒や眉そりを率先してやめるモチベーションが高まらなかったのも無理はないだろう。

洋服より一足先に、一般女性が洋風スタイルを取り入れたのは髪型だった。女性の髪型は、明治十六年からはじまった鹿鳴館時代に、伝統的な日本髪をアレンジした和洋折衷の「束髪《そくはつ》」が考案された。

鹿鳴館で開かれた舞踏会では、政府高官夫人やその令嬢、ダンス要員として訓練された芸妓たちが、バッスルスタイルのドレスを着て慣れないダンスを踊ったが、ドレスに日本髪を合わせるわけにもいかず、「夜会巻き」などの束髪が結われたのである。

束髪には日本髪より手軽に結えるというメリットがあり、上流階級を中心に一時的に流行した。しかし、鹿鳴館時代が終わった明治二十年代には、極端な欧化政策に対する反動から、いったん日本髪への揺り戻しが起こり、ふたたび束髪が流行のきざしをみせるのは三十年代後半だった。

明治三十八年には「二〇三高地髷」というポンパドール風の束髪が、全国的に大流行した。日露戦争の激戦地旅順《りょじゅん》の二〇三高地を攻め落としたことにちなんで、高く結い上げた束髪をこの名でよぶようになったのである。若い女性なら、リボンや造花など洋風の小物を飾りにつけるのが、ハイカラ中のハイカラだった。

一般の女性たちは、髪型という手近なところから、洋風のおしゃれを自分のものにしていったのである。

そして、束髪の大流行とほぼ時を同じくして、肉色白粉とクリームを組み合わせた洋風メイクが新聞や女性誌で紹介されるようになる。メイクアップに「洋風化粧」というカテゴリーが生まれ、美容記事や広告で「和風」と「洋風」のふたつのメイクが区別されはじめた時期、それが明治末期だった。

誰のために化粧するか

政府主導で近代化が進むかたわら、明治時代の修身の教科書には儒教思想が組み込まれ、女性は家庭において良妻賢母であることが求められた。

新旧の価値観が入り混じる明治時代に、化粧は社会のなかでどのように位置づけられたのか。文明開化から約四〇年たった明治末期の化粧意識を、当時の美容書からひろってみよう。

明治四十年刊の『化粧かゞみ』は、「化粧は女の身嗜《みだしな》みです」という言葉からはじまり、その意義を次のように述べている。

化粧には自《おのずか》ら二通りの区別があります。それは自分の意を満足させる化粧と今一つは自分を離れて、他の人に美しく見せようとする化粧であります。（中略）化粧の真意義は、自分の好みに僻《へき》するよりは他の人を満足さする為でなければなりませぬ同じ年に出版された『新化粧』も、化粧を「婦人に必要なる務めの一つで、又嗜《みだしな》みの重《おも》なるものの一つであります」と定義している。みだしなみ、つまり礼儀であるからには、派手であってはならないのも江戸時代と同じだった。

そのほかの美容書でも、「みだしなみ」を第一に、「社会に対する務め」「化粧が大事なのは、妻となれば夫を喜ばせる責任があるから」「化粧に注意をしないと人々にうとんじられる」など、社会規範として、あるいは夫や周囲との関係を円滑にする手段として、化粧の必要性が語られていた。

お歯黒や眉そりの制約から開放され、外見上は少しずつ洋風化が進む明治末期でも、内面は江戸時代そのままに、自分の好みより他者の目を意識した化粧が求められたといえる。

しかし、別の角度からみれば、明治末期は化粧品産業が隆盛期を迎え、国産の洋風化粧品が普及していく時期でもあった。新聞や雑誌に女性の購買欲をそそる化粧品広告が増え、女性誌には「最新の美貌術」「美人となる方法」など、美しくなることをテーマにした記事が載っていた。経済的に余裕があっておしゃれに関心の高い女性が、洋風化粧や美顔術などの新しい流行に飛びついたのも、まぎれもない事実である。

そこには江戸時代と同じように、たてまえは横に置いて、化粧を楽しむ女性たちの姿があった。そして、近代化がもたらした「洋風化粧」という新しい風は、次の時代になると大衆化という気流に乗ってさらに広がり、女性たちの化粧意識を少しずつ変えていくのである。

洋風化粧の広がりと戦争

大正から昭和前期

和からモダンへ

戦争の光と影

大正から昭和十年代前半にかけて、人々の生活は次第に豊かになり、都市を中心に、衣食住など日常生活のなかにも西洋の生活習慣が取り入れられるようになった。この時期の化粧の大きな特徴は、上流階級や富裕層を中心におこなわれていた洋風化粧が、一般女性の間に少しずつ浸透していったことである。

その背景には、化粧品産業の技術力や生産力が向上して、手頃な価格の洋風化粧品が次々と発売されたことがあげられる。『化粧品工業一二〇年の歩み』によると、大正三年（一九一四）の化粧品の生産額を明治四十二年（一九〇九）とくらべたところ、五年で約三八％も増えており、化粧品産業の急速な成長ぶりがみてとれる。

その上、大正三年にはじまった第一次世界大戦に参戦した日本は、戦場から遠かったことが幸いして連合国への輸出が増加、国内は好景気にわいた。経済の急速な発展は、サラリーマンとよばれる新中間層を生んだ。購買力を持つ中間層が増え、消費の大衆化が進むことによって、化粧をする女性のすそ野そのものが広がったといえる。

また、女性の社会進出も洋風化粧を後押しした。大正時代は事務員、電話交換手、タイピスト、バスガールなど、女工や家業手伝い以外のさまざまな職種に女性が進出した時期である。仕事で外に出る女性はみだしなみとして化粧をする機会が増え、経済的に自立すれば欲しい化粧品を買うこともできる。

働く女性の総数はまだ少なかったが、女性誌や化粧品会社は、新しい時代の女性にふさわしい化粧として、洋風化粧を積極的に啓蒙した。この傾向は新聞・雑誌・ラジオなどマスメディアの発達により、昭和に入ると一層進んだ。

欧米の生活スタイルを積極的に吸収する風潮に暗雲が立ちこめたのは、日中戦争が勃発した昭和十二年（一九三七）頃からだった。翌年の昭和十三年に国家総動員法が成立。軍需優先の統制経済がはじまり、衣服・髪型・化粧のような、よそおうこと全般が、政府の統制下に置かれてしまう。

洋風化粧が広まる伸びやかな発展期と、日中戦争以降の停滞期。大正から昭和前期の化粧は大きくこのふたつに分けられる。この章では、大正から太平洋戦争が終わるまでの化粧を、日中戦争の前後に分けて、その明暗をたどる。

進化するスキンケア化粧品

大正時代になると、平尾賛平商店や桃谷順天館、伊東胡蝶園、中山太陽堂など、当時の大手化粧品会社は生産設備の近代化をはかり、自社の研究所を設立して皮膚医学や香粧品学の研究を開始した。

この時代のおもなスキンケア製品は、石鹸や洗粉などの洗顔料、化粧水、クリームで、品目は明治時代とさほど変わりはない。しかし、品ぞろえは明治時代よりはるかに充実して、当時の最新知識や技術を投入した国産化粧品が開発された。

個別の商品についていえば、明治時代に洗顔用ではあまり評価されなかった石鹸は、大正初期には舶来品の後塵を拝していたが、次第に品質が向上。昭和になると洗粉やぬかに代わってよく使われるようになる。

化粧水は、脂性肌・乾燥肌・荒れ肌といった肌質別に分かれたり、乳液タイプが開発されるなど、これまでにない発想の商品があらわれた。大正初期の商品では、堀越嘉太郎商店の「ホーカー液」（明治四十五年発売）や、平尾賛平商店の「レートフード」（大正四年発売）が、「色が白くなる」といわれて特に人気があった。白い肌へのこだわりには、相変わらず根強いものがあったのである。

ヘチマやキュウリなど、植物成分を配合した化粧水も人気が高かった。代表的な商品のひとつ、「ヘチマコロン」は、大正四年に発売された。当時、販売を担当していたのは小間物商の天野源七商店である（現在の発売元は株式会社ヘチマコロン）。ヘチマとコロンを合体させたネーミングからわかるように、江戸時代から庶民に愛用されてきたヘチマ水を、近代の発想で商品化した和洋折衷の化粧水だった。また、大正六年には、「過酸化水素キューカンバー」という化粧水を、資生堂が売り出した。これは天然のキュウリ水に脱色・漂白作用を持つ過酸化水素を加えた、今でいう美白化粧品だった。

時代が下がって昭和のヒット商品には、昭和十一年に桃谷順天館が発売した「明色アストリンゼン」がある。この商品は、毛穴引き締め効果がある弱酸性の化粧水で、化粧もちがよかったという。

スキンケアのもうひとつの主力であるクリームも、国産品の品ぞろえが豊富になったのは大正時代だった。クリームは、化粧落とし用のコールドクリーム、マッサージ用、化粧下地、栄養クリームといった具合に、機能別の商品が開発され、使い分けが進んだ。

昭和になってからの特筆すべき商品は、昭和十年に中山太陽堂から発売された「クラブ美身クリーム」だろう。このクリームには、最先端の研究をもとに開発された女性ホルモンが配合され、「見違える程肌が若返る」と華々しく宣伝された。いわば、昭和初期のアンチエイジング化粧品である。

このように、大正から昭和前期にかけて、スキンケア商品は現代のベースになる商品構成が整ってきた。過酸化水素、ホルモン、ビタミンなど新規の薬効的な成分が商品のセールスポイントになるのは、各社の研究開発力が向上した、この時代以降といえるだろう。スキンケアは、もはや欧米の処方を参考にした洋風化粧が普通になったといえる。最新の科学技術に裏打ちされたこれらの商品は、当時の女性の心をがっちりとつかんだのである。

スピードという価値観

メイクアップに目を向けると、ベースになる白粉は、明治時代に鉛から無鉛へと変化がはじまった。その次のステップとして、白粉化粧に求められたのが簡便さだった。

当時の白粉は、大きく練白粉・水白粉・粉白粉の三つに分けられた。これらのうち練白粉は濃いめの仕上がりでくずれにくく、薄化粧には水白粉が向いているといわれていた。しかし、どちらもきれいにつけるには、刷毛で白粉をむらなく伸ばし、さらに粉白粉を重ねづけするなどの手間がかかった。

それに対して、明治末期に紹介された粉白粉の洋風化粧は、下地にクリームをつけた上からパフで白粉をはたき、粉をぬぐうだけのシンプルな手順だった。この化粧は昭和になる頃には、手早く自然に仕上がる化粧といわれて新聞や雑誌で盛んに紹介され、昭和十年頃には若い女性や働く女性の間で流行している。

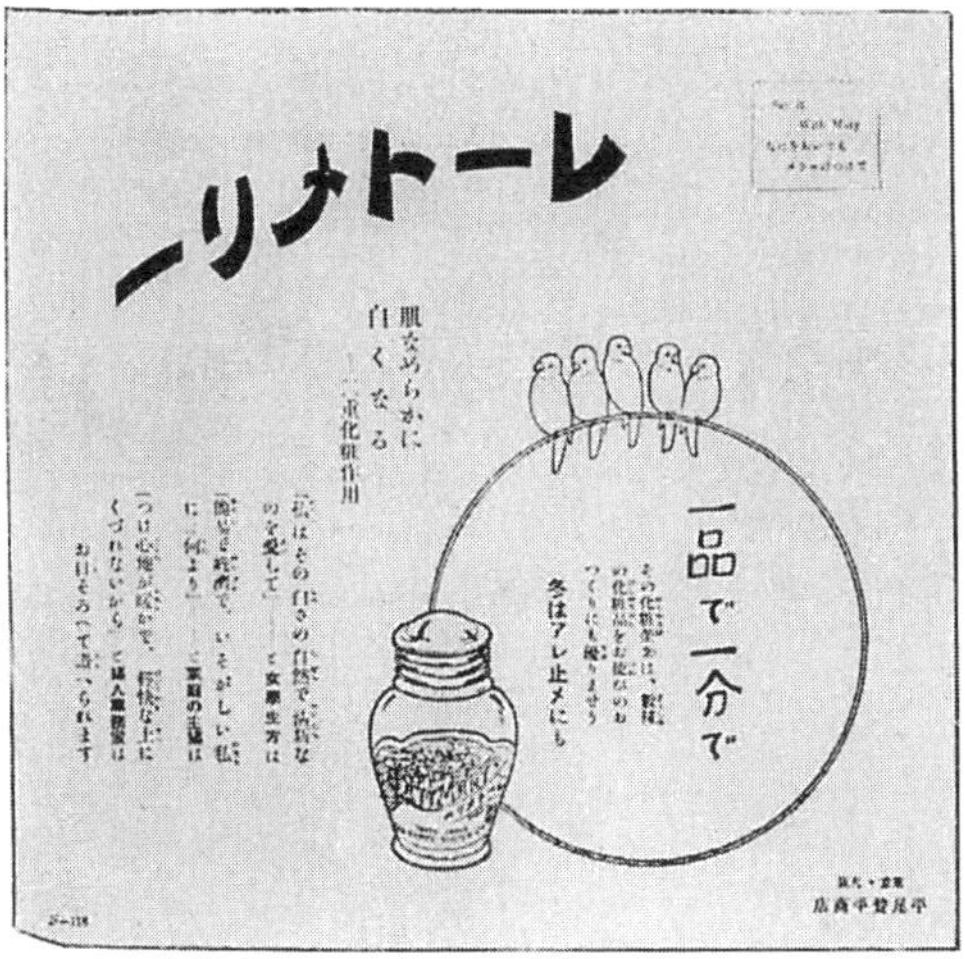

図24　レートメリーの広告　大正13年（『平尾賛平商店五十年史』より，一般財団法人日本粧業会図版提供）

また、大正時代には、化粧時間の短縮をうたった新しいタイプの白粉も発売された。さきがけになったのは大正七年に発売された「レートメリー」（平尾賛平商店）である。クリームに白粉を混ぜて、化粧下地と白粉の機能をひとつにしたこの商品は、家庭婦人だけでなく、女学生をはじめとした若い女性や職業婦人などをターゲットに、「肌滑《なめら》かに白くなる現代的一分化粧料」「一品で一分で」などと宣伝された（図24）。昭和になると、昭和七年に資生堂が「スピード化粧料」と銘打って「資生堂クリーム白粉」を売り出すなど、クリームと白粉が一体化したタイプの商品は多くの会社から発売されている。

大正から昭和前期にかけては電気やガス、上水道などが徐々に整備され、人々の生活はどんどん便利になった。当時の近代化は、暮らしのなかのさまざまな作業が、それまでよりスピードアップすることを意味しており、商品広告でも「スピード」はキーワードになっている。職業婦人も増えるなか、時間をかけていた白粉化粧に、手軽さやスピード感が求められるようになったのも、そうした時代を反映した結果といえるだろう。

多色化する白粉

明治末期に話題になった「肉色白粉」も、大正時代になるとさらに進化している。「肉色」と「白」程度だった白粉の色は多色化が進み、大正六年には、資生堂が他社に先んじて、白・ばら・牡丹・肉黄・黄・緑・紫の色構成で「七色粉白粉」を売り出した。大正後期には、他社も続々と色のバリエーションを増やしている。

興味深いことに、明治時代に多かった「肉色」という色名は、大正から昭和初期までの間に「肌色」におきかえられている。化粧品会社が、欧米のように「肌」の色を意識するようになり、それが名称に反映されたためとも思えるが、はっきりした理由はわからない。昭和になると、「健康色」「濃肌」「オークル」など、濃い目の色が加わった。「白粉は白」の伝統的な美意識に「肌色」が割り込んで定着した背景には、女性の生活が以前とくらべて活動的になったことがあげられる。

大正時代から昭和初期に、政府は近代化の一環として、西洋人に見劣りしない体型を目指し、健康なからだづくりの方策を推し進めた。高等女学校では大正なかばから体育が奨励され、テニスや水泳が授業に採用されている。大正末期になると、美容と健康によいといわれてテニスやゴルフ、スキーなどのスポーツが流行しはじめた。夏に海水浴が盛んになったのも大正末期だった。女性美を語る上で「健康美」という新しい基準が加わったのがこの時期なのである。

「肌色」の白粉は洋装に合う化粧として、あるいは社会に出て働き、太陽の下でスポーツを楽しむ、活動的な近代女性を象徴する化粧として、若い女性を中心に流行していった。ただ、戦前は和服を着る女性の方が多数派を占めており、年配の女性をはじめとして慣れ親しんだ白い白粉を愛用する女性も多かったようで、白色は白粉の定番色として、化粧品会社の品ぞろえのなかに含まれていた。

先頭を行くモダンガール

大正から昭和前期は、欧米の影響をうけて、日本女性のファッションが「和」から「洋」へと変わろうとする過渡期でもあった。そのもとになった先進国の欧米では、二十世紀初頭から一九三〇年代にかけて、ファッションが大きく変化している。

一九〇六年に、「モードの帝王」とよばれたポール・ポワレがコルセットを着用しないドレスを発表したのをきっかけに、欧米の女性はからだを締めつける動きにくいドレスから開放された。

第一次世界大戦（一九一四―一八）が勃発すると、主戦場になったヨーロッパでは男性が戦場に駆り出され、残された女性は銃後の守りを固めるための労働力として社会に進出した。結い上げた長い髪はじゃまだとばかり、ばっさり切り落としたボブヘア（断髪）の女性があらわれたのはこの頃である。

一九二五年頃には、徐々に短くなっていたスカート丈がついに膝丈になるなど、実用的で動きやすいファッションが流行の先端におどり出た。

この断髪・洋装が日本で風俗現象として話題になったのは、大正十二年に発生した関東大震災のあとだった。もっとも『読売新聞』の記者望月百合子《もちづきゆりこ》は、それ以前の大正八年に、和服より働きやすいという理由で断髪・洋装にしたというから、断髪・洋装自体はもう少し早くからおこなわれていたといえる。

震災後の復興期を経て、東京はインフラが整備された近代都市に生まれかわった。そこに登場したのが、断髪・洋装という先端的なファッションに身を包んだ「モダンガール」である。彼女たちは、大正末期から昭和初期にかけての都市文化を象徴する存在であり、同時に時代のファッションリーダーでもあった。

大正末期の洋装がどれだけ珍しかったかは、大正十四年に民俗学研究者の今和次郎《こんわじろう》がおこなった服装調査からうかがい知ることができる。モダンを体現する街、銀座でさえ、通行人を対象にした調査では、男性の洋装率が六七％に対して、女性はたったの一％に過ぎなかった。大正末期は、まだ女性の断髪が周囲から白い眼でみられており、当時、モダンガールのよそおいをするには、家族や世間からの批判に動じない強い意志が不可欠だったのである。

最初に断髪・洋装の格好をしたのは洋行帰りの上流階級の女性や、大正デモクラシーの教育をうけた進歩的な思想をもつ女性たち、そして芸術家などだった。それまでのように長い髪を結う必要もなく、活動的なそのファッションは、数年のうちに職業婦人やカフェーの女給、おしゃれ感度の高い女性の間に広まった。

モダンガールのなかには、最先端の洋風メイクにチャレンジしたものもいた。細い眉、洋風に濃くつけた頬紅と口紅、アイシャドウなど、日本の伝統化粧とはまったく異なる洋風メイクは、保守的な人々から猛烈に非難されている。しかし、メイクアップの洋風化は、世間の人々に欧米のモダンな化粧を身を持って示してみせた、彼女たちの登場を期に進んだといっても過言ではない。

最先端の化粧をした彼女たちは、「みだしなみ」や「他人の目」を第一に考える伝統的な化粧意識を脱ぎ捨てて、「個性美」という自由な自己表現に向けて一歩先に歩み出し、あとに続く女性たちの手本になったのである。

ここからは、モダンガールが実践した新しい洋風メイクを順番にみていこう。

健康美と頬紅

明治末期に肌色の白粉を使った洋風メイクが紹介されたのは前に述べたが、大正時代から昭和前期にかけては、頬・唇・眉・目にも欧米流のポイントメイクが、新しい流行として取り入れられるようになる（表紙参照）。

ポイントメイクのうち最初に広まったのは頬紅だった。明治末期から国産品が生産されはじめた頬紅は「顔を健康的にみせる化粧」といわれて、比較的短期間のうちに一般女性の間に普及した。商品も、大正三年の「クラブ頬紅」、六年の「レート頬紅」「オペラ頬紅」など、大正前期に有名ブランドから発売されている（図25）。

頬紅の普及が早かったのは、伝統的な「赤の化粧」の延長で受け入れやすかったという理由のほかに、当時流行した「健康美」を増す化粧として紹介されたことが大きいだろう。

当時の頬紅に関して興味深いエピソードがある。大正六年に「オペラ頬紅」を発売した中村信陽堂は、三年後の九年に大阪に進出する際、頬紅を主力商品にすえた。その理由は、関東より関西の方が化粧が派手で、特に口紅や頬紅のような華美な商品は流行が早く、消費量が多かったからだという。

江戸時代にも、化粧は江戸より上方の方が濃いといわれていたが、それは時代を経ても変わらなかったようであ

図25　「健康色」を強調したクラブ頬紅
（『読売新聞』大正５年11月25日より）

る。現代でも東京より大阪の方がメイクが派手で濃い傾向があるのは、化粧品会社の調査から裏づけられている。和風から洋風へと化粧が変化しても、東西で異なる化粧の濃淡の美意識は、脈々と現代まで受け継がれているのである。

頰紅は昭和になると、メイクアップのアイテムとして完全に定着した。色数も増え、美容記事では年齢・肌色・顔だちにふさわしいつけ方や、TPOに応じた使い分けなどが細かく紹介されている。

リップスティック登場

頰紅と同じ「赤の化粧」である口紅も、大正時代の間に、商品とつけ方の両方に大きな変化があった。

商品の変化とは、現在のような筒型の容器に入った、棒状の洋風口紅が、国内でも生産されはじめたことである。国産初のリップスティック「オペラ口紅」は、中村信陽堂から大正七年に発売された。発売当初は筒の部分が厚紙製で、口紅の油分が染みないようにろうびきをしたという。

この洋風口紅、最初の頃は日本人には旧来の紅が似合うといわれていたが、大正末期になる頃には国産品も増え、一般女性の間でも使われるようになる。小さく携帯しやすい形状に加えて、色も小町紅のような赤一色ではなく、オレンジ・ローズ・ツートン（注・もとの色はオレンジだが、つけると唇の水分に反応してピンクに発色するタイプ）などと幅があることも、女性にとって大きな魅力だったと思われる。

その口紅のつけ方が変わってきたのが、やはり大正末期だった。大正十五年刊の『顔をかへるお化粧の仕方』には、次のような記述がある。

口紅は日本では長い間、口の形なりに小さくつけるのをよしとして居りましたが、最近欧風化粧の流行から若い人は口紅をこの様《よう》に小さくつけずに、口一ぱい唇の形のままに、やや薄く広げてつける風があります。（中略）一寸見《ちよつと》ますと不思議な口に見えますが自然に見慣れて来ればおかしくもなくなるでせう

「不思議な口」という言い方から、唇の形にそって薄く幅広につける洋風の化粧法が、大正末期からはやりはじめた様子がみてとれる。

昭和になると、洋装に洋風化粧の時は唇の形にそってつけ、和服に濃化粧の時は小さめにつけるなど、その時々の服装に合わせて口紅の描き方を変えるようになった。もちろん、おしゃれな女性のなかには、和服でも唇の形にそって洋風に描くものもいた。

今和次郎指導のもとにおこなわれた昭和十二年のファッション調査では、女性の洋装率は銀座で二五％。大正末期の一％よりは増えてはいるものの、まだ和服の三分の一程度に

図26　昭和初期のモダン化粧
目の隈どりにつけまつ毛。眉はこめかみに垂れ，口紅は薄く幅広につけている。（ハリー・牛山『モダン化粧室』〈昭和6年刊〉より，国立国会図書館所蔵）

すぎなかった。和服と洋服が、ともに日常生活にあるこの時代は、化粧も和洋折衷だったのである。

ハリウッド女優をまねた細眉

頬、口に続いて次は眉化粧をみてみよう。この時代の眉化粧は、一般に眉の形をかみそりや眉墨を用いて整える程度だったが、大正末期から昭和初期には「引眉毛《ひきまゆげ》」などといわれた洋風の眉化粧がモダンガールの間で流行している（図26）。

大正十三年刊の『化粧美学』は、流行の眉について次のように述べている。

最近眉を細く剃りつけて、黛《まゆずみ》で殆《ほと》んど真直《まっすぐ》に、眉間狭くから初めて目尻の上へ長く

引くことが若い人の中に流行つて居《お》ります

わかりやすくいえば、眉を線のように細くそり、眉墨を使って眉間を狭めに、眉尻側をこめかみ近くまで長く伸ばして描いたのである。

昭和二年九月二十七日の『読売新聞』には「映画界の人気者クラヽ・ボーのやうな細い糸のやうな眉が昨年末頃より流行して、モダン好みの方々が盛んにやりましたが、近頃は又やゝ太めになりました」とある。クララ・ボウはハリウッド映画の人気女優で、その細く垂れ下がった眉は、まさにこめかみあたりまで伸びていた。

化粧をはじめ、髪型や洋服など、当時のおしゃれ全般に大きな影響を与えたのは、大正時代からすでに庶民の娯楽になっていた映画だった。当時のハリウッドでは、美容家マックス・ファクターが撮影用のアイシャドウやつけまつ毛、リップグロスなどのメイク品を次々と開発。美容アドバイザーとしても活躍して、女優の個性や魅力を引き出した。彼はアメリカの化粧品会社マックスファクター社の創立者でもある。

ハリウッド映画は日本でも大人気で、かなりの数が上映されている。クララ・ボウ、マレーネ・ディートリッヒの細眉や口紅のつけ方、グレタ・ガルボのアイメイクなど、スクリーンに映し出される人気女優のメイクは、日本でも女優やモダンガールに模倣された。

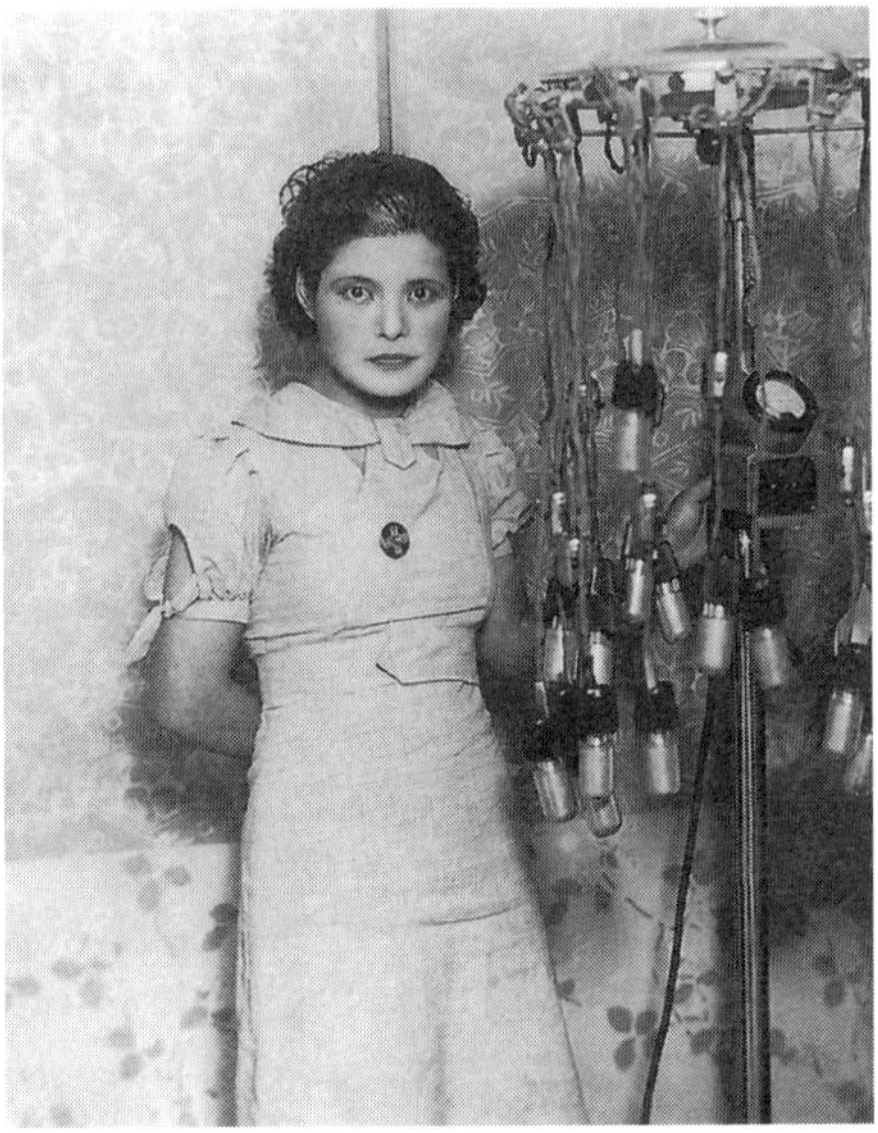

図27　メイ牛山と電髪パーマ機
（昭和８年，学校法人メイ・ウシヤマ学園写真提供）

美容家のメイ牛山もそんなモダンガールのひとりだった。銀座にあったハリウッド美容講習所に入所した彼女は、修行時代の昭和七、八年頃、仕事が終わると毎日のように外国映画を見に映画館に通い、化粧や髪型、ファッションの研究をしたという（図27）。テレビのない時代、映画は海外の最新流行のおしゃれを教えてくれる、最高の教科書だったのである。

目を隈どるアイシャドウ

洋風化粧が流行しはじめたとはいえ、なかなか広まらないメイクもあった。それがアイシャドウを使った目の化粧である。『おしゃれの文化史』によると、大正十三年の雑誌に「銀座に眼のふちを碧《あお》く隈《くま》どった女が出る。前代未聞」とあったというから、街でみかける最初の頃から奇抜な化粧と思われたのは間違いない。

アイシャドウをつける化粧が女性誌で紹介されはじめたのは大正末期だが、当時はアイシャドウとはいわずに、「目張《めば》り」「眼《め》の隈取り」「眼の縁《ふち》に墨を入れる」などと表現され、アイラインとの区別があいまいである。

まぶたや目のふちに色をつけるアイシャドウには、白・赤・黒の伝統化粧の色にはない青や緑などの色があり、大正末期には美容家の間でも、使うことにとまどいがあったようである。たとえば大正十四年の『婦人画報』一月号で、美容家の早見君子《はやみきみこ》は「目隈《めくま》をとる」ことについて、藍《あい》や墨で引いたこともあるが、結局は西洋人の目の模倣になって日本人にはあまり効果がないと述べている。

もともと大正末期から昭和初期は、アイシャドウにあたる商品そのものが非常に少なく、わずかに舶来品が使われていた程度だった。大正末期にアイシャドウをつけていたのは、その舶来品を買うことができる、裕福なごく少数の女性だったのである。

国産品では、昭和六年に資生堂が、「目のふちを隈どる化粧」として墨色・黒褐色・緑色・空色など六色からなる「資生堂アイリッドセイド」を発売した。社史によると、売れゆきはふるわなかったというが、資生堂は昭和八年に「陰影のある」メイクアップを提唱し、「グリースシャドー」というアイシャドウを発売している。

新聞記事に目を向けると、『読売新聞』と『東京朝日新聞』に「アイシャドウ」という言葉が登場するのは前者が昭和六年、後者が七年。ちょうど国産品が登場した頃である。

昭和八年一月七日の『東京朝日新聞』には、「三十三年の前線に躍り出した尖端的のお化粧品」という記事がある。アイシャドウは、ビューラー・まつ毛用コスメチック（注・温水で溶かして小刷毛で塗る固形マスカラ）・つけまつ毛などと一緒に紹介され、茶・青・空色・緑・褐色など十数種出てきたとある。この頃には、目の化粧のアイテムがある程度そろい、アイメイクが注目されはじめたとみてよいだろう。

当時のアイシャドウは、目を大きくみせ、顔に陰影をつけて立体的にするための化粧として紹介された。その一方で、青や緑は素人がつけると下品だとか、くぼみ目の人がつけるとますますくぼんでみえるなどの反対意見もあり、戦前には使用者が流行の先端層に限られていたところが、頬紅や口紅とは異なっていた。

欧米の化粧は、日本の伝統化粧とくらべて、頬紅・口紅・アイシャドウ・眉墨などと、パーツ別に使用商品が分かれ、色のバリエーションも多いのが特徴である。いわば、色の組み合わせや描き方次第で、他人と違う化粧ができる自由度の高い化粧だった。そのため、洋風メイクが積極的に啓蒙された昭和十年頃には、「個性美」や「その人に合った化粧」などの言葉が、女性誌などであたりまえのように語られるようになってきた。

明治時代のように、自分の好みより他者の目を優先した横並び的な化粧から、欧米流の個性を重視する化粧へと、化粧意識も変わりつつあったといえる。

ところが、一般女性がこの自由な化粧になじむ一歩手前の段階で、日本は戦時体制に突入した。その結果、洋風化粧の普及は中途半端なままで、いったん中断の憂き目をみることになったのである。

マスメディアと美容情報

この時代に一般女性が化粧品や美容の知識を得るには、身近なところでは親や友人などからの口コミや、販売店での商品説明などがあった。また、全国各地で化粧品会社や著名な美容家たちによる美容講習会が開催され、最新の化粧法や髪の結い方などが実演をまじえて紹介された。

全国規模のメディアでは、部数を増やして読者層を広げた新聞や女性誌、先に述べた大衆文化の代表ともいえる映画も大きな影響力を持っていた。

女性誌のなかでも、大正時代に創刊された『主婦之友』『婦人倶楽部』の両誌の発行部数は、昭和十年頃には一〇〇万部を超え、女性の生活指南書として広く愛読されるようになる。こうした雑誌に掲載される美容記事や化粧品広告は、洋風化粧の大衆化に大きく貢献したといえるだろう。

さらに、大正末期には新しいメディアとしてラジオが登場した。東京でラジオの仮放送がはじまったのは大正十四年の三月。七月には東京芝《しば》の愛宕山《あたごやま》から本放送が開始された。この翌年の四月、美容家の初代遠藤波津子は「お花見時の化粧と着付」というテーマでラジオ講演をしたという。当時は受信機が高価だったので普及率はまだ低かったが、ラジオ放送初期から、化粧は番組にとりあげられていたのである。

マスメディアの発達によって、都市の流行はほどなく地方に伝わるようになった。その結果、昭和になると、東京と地方の化粧格差はかなり縮まったようである。この点について昭和十一年刊の『小間物化粧品年鑑』に、美容指導で全国をまわったクラブ化粧品講演部の担当者の談話がある。それによると、新聞や雑誌、そのほかの宣伝活動によって化粧知識がいきわたったため、地方でも化粧が上手になり、北海道から九州まで東京とそれほど変わらなかったという。

華やかな宣伝合戦

大正から昭和十年頃までの化粧品業界は、顧客をとりこむために、趣向を凝らした宣伝活動をおこなっていた。その内容は通常の商品広告だけでなく、豪華な景品や観劇・オペラの招待券が当たる懸賞の数々、各地での美容実演や人目を引く大がかりなイベントなど、多岐にわたっていた。

一例をあげると、「クラブ」ブランドの中山太陽堂は、大正二年に日本ではじめて気球広告をおこなった。気球に広告を吊り下げて東京日本橋にあげたのである。この気球広告は、翌年に「レート」の平尾賛平商店や森下仁丹《もりしたじんたん》も取り入れたというから、かなり話題になったのだろう。中山太陽堂は飛行機による広告ビラまきや、当時珍しい外車による街頭宣伝など、人々をあっと驚かせる宣伝を次々と企画したことで知られている。

また、「ヘチマコロン」の天野源七商店は、昭和初期に東京丸の内で、外車のシボレーを使用した「ヘチマコロンタクシー」の営業を開始した。このPRタクシーは、業界から横槍が入りわずか三ヵ月で終了したという。天野源七商店は昭和六年に『ヘチマは踊る』というタイトルのPR映画を製作するなど、ユニークな宣伝活動を展開している。

このほかに、歌舞伎とのタイアップで、音羽屋一門出演の観劇会を開催した伊東胡蝶園、西陣《にしじん》のお召し・写真機・ラジオセットといった、豪華賞品が当たる大懸賞を企画した桃谷順天館など、力のある化粧品会社はしのぎをけずって、大盤振る舞いの宣伝合戦を繰り広げていた。

この頃、化粧品広告のニューフェイスになったのは、新しい職業の女優たちだった。女優という職業は、風紀を乱すという理由で江戸時代初期に幕府から禁止されており、ふたたび女優が公的な舞台に上がったのは、明治時代になってからである。明治四十一年、川上貞奴が養成所を開設して本格的に女優育成に乗り出し、四十四年に帝国劇場が開場して以降、話題の帝劇女優が広告や美容記事に登場しはじめる。

そして「今日は帝劇、明日は三越」が流行語になった大正時代には、森律子《もりりつこ》、村田嘉久《むらたかく》子《こ》をはじめとする帝劇女優や、松井須磨子《まついすまこ》など新劇女優が時の人になり、新聞・雑誌の美容記事や化粧品広告に花を添えた。

昭和になると、映画と化粧品会社のタイアップが進み、水谷八重子《みずたにやえこ》、及川道子《おいかわみちこ》、入江《いりえ》たか子《こ》、松井千枝子《まついちえこ》など、当時を代表する銀幕のスターたちが化粧品広告の主役になっていくのである。

戦時下の統制時代

おしゃれに対する規制

昭和六年（一九三一）の満州事変をきっかけに、日本は戦争への道をたどりはじめた。とはいえ、最初のうちは日本軍の勝利による戦勝ムードが漂い、人々の生活に切迫感はなかった。化粧品会社が前述のように、競合他社をけちらすべく活発な宣伝活動を展開できたのも、内地では平穏な暮らしが維持できていたからである。

昭和八年には、ハリウッドから美容家マックス・ファクターの弟子が来日して、各地で美容講習をおこなったという記事が『東京朝日新聞』に載っている。この頃には、アメリカから美容家を招いた技術交流がおこなわれていたのである。また、新聞や雑誌でも、海外の特派員情報などを通して、欧米の最新ファッションや美容情報が紹介されていた。

戦時色が一気に強まったのは、昭和十二年七月に日中戦争がはじまった頃からだった。化粧への影響は、十月の貿易統制にさっそくみられ、外国製化粧品や香料が輸入禁止になった。

昭和十三年には戦費確保のために化粧品に物品税がかけられた。最初は一〇％だった課税額は上昇の一途をたどり、太平洋戦争がはじまった昭和十六年十二月に五〇％、戦争末期の十九年二月には、ついに一二〇％まではねあがる。

昭和十三年の四月、政府が経済活動を統制する国家総動員法が公布された。この年には輸入に頼っていた綿製品の製造や販売が規制され、国内向けの綿製品には、スフ（注・木材パルプが原料の繊維）とよばれる粗悪な代用品を混ぜなければならなくなるなど、衣服への統制もはじまった。

そして昭和十四年の七月、国民精神総動員委員会が国民生活刷新案として「男子学生の長髪禁止、婦女子のパーマネント、華美な化粧の廃止」を決定した。この決定に法的な強制力はなかったが、自粛という名の自主規制が求められたはいうまでもない。

ちなみにここでいうパーマネントとは、パーマネント・ウェーブのことである。欧米から入ってきたこの技法は、カーラーで包んだ毛の束に電熱器で熱をあてて髪を縮れさせるので電髪ともいわれ、国産パーマネント機が普及しはじめた昭和十年頃から、都会の女性を中心に大流行していた（図27参照）。しかし、戦争の影響で米英との関係が悪化すると、外来のものが敵視されるようになり、パーマネントも規制の対象になった。東京に「パーマネントはやめましょう」という立看板があらわれたのも、昭和十四年頃のことだった。続いて昭和十五年には、ぜいたく品を追放する「七・七禁令」が発令され、化粧品では定価五円以上の香水が販売できなくなった。

軍需優先の戦時下では、衣服・化粧・髪型など、おしゃれに関わる分野は不要不急のものとみなされ、さまざまな規制がかけられたのである。

みだしなみ化粧への回帰

規制をうけて、戦時下の化粧はどのように変わったのだろう。意外にも思えるが、化粧品の生産実績を調べると、昭和十三年度から十七年度にかけては、微減した十六年度を除いて数量ベースで増えている。原材料不足や規制の影響をうけつつも商品は生産され、女性たちは化粧をしていたのである。ただし、その中身となると、洋風メイクが流行化粧として啓蒙された昭和十年頃とはうって変わって、ふたたび「みだしなみ」重視の薄化粧へと回帰することになった。

昭和十四年二月十五日の『読売新聞』には、事変下であっても化粧品の売り上げはそれ以前を上回っているとしながらも、売れているのは白粉・クリーム・化粧水・ポマード・石鹼・歯磨きなど、「身のたしなみとして用いられている実用向き化粧品が多い」とある。昭和十二年前後の『読売新聞』と『東京朝日新聞』の記事を調べたところ、八年頃から流行のきざしがあったアイシャドウの記事は、『読売新聞』の十三年五月十九日を最後に、終戦までぱたりと話題に上らなくなった。もともと批判の多かったアイシャドウは、派手な化粧とみなされ、早々に紙面から姿を消したと思われる。

昭和十六年の一月二十日には、大政翼賛会が設けた新女性美創定研究会が、戦時にふさわしい新しい女性美の基準を発表した。「翼賛型美人」とよばれた新しい美人像は、柳腰《やなぎごし》の貧弱な美人ではなく、「産めよ増やせよ」の国策にそった、多産型のがっちりした女性だった。

この「翼賛型美人」には「十則」があった。その一番目は「顔や姿の美しさ　それは飾らぬ自然美から」。五番目は「顔色つやつや日焼けを自慢」。これらは一見するとノーメイクを意味しているのかと思いきや、実はそうではない。

『朝日新聞』は、四日後の一月二十四日に「翼賛型美人」を記事にした。記事はふさわしい化粧についても触れているのだが、それは濃い化粧になる練り白粉をやめて粉白粉や水白粉に変えることや、夜寝る前にはコールドクリームで地肌を整える、などというものだった。女性美の基準がどうであれ、薄化粧であれば問題なかったのである。

なぜ薄化粧は認められていたのか。そのヒントは、同じ年の四月に文部省が発行した『礼法要項』の小冊子にみることができる。日常生活で国民が守るべき礼法を記したこの冊子には、「化粧は目にたたない程にする。殊更《ことさら》につくり過ぎるのはよくない」という文言が含まれていた。化粧が女性にとって欠かせない礼儀（マナー）のひとつという伝統的美意識は、戦時下でも礼法のなかにしっかり生きていたのである。

この年の十二月八日、アメリカが参戦して太平洋戦争の火ぶたが切って落とされた。国民が緒戦の勝利にわいた昭和十七年ですら、有名ブランドの化粧品はすでに品不足だったが、十八年になると、生産される化粧品の品目は、クリームや乳液、粉白粉など数えるほどになったという。

戦時色を強める広告

昭和十二年に日中戦争がはじまってからの化粧品業界は、原材料の確保に苦労しながらも、それまでのストックを使ったり、代用品を工夫しながら売り上げを伸ばしていた。しかし、商品の宣伝や販促活動となると、以前のような華やかさは影をひそめ、時勢に応じた自粛を余儀なくされた。それは、商品広告にはっきりとあらわれている。

昭和十五年九月、化粧品営業取締法に広告規制条項が加えられた。当局は化粧品業界に対して軽佻浮薄にならないように、また、女優の写真などを使って華美に流れないようにと自粛を求めた。結果的に化粧品広告から、おしゃれやぜいたくを連想させる表現が次第に排除され、「健康美」「簡素美」「質素」「みだしなみ」など戦時下の化粧はこうあるべきという理念や、戦意高揚のフレーズを前面に出した広告が増えていった（図28・29・30）。

昭和十六年頃からは、新聞や雑誌から美容記事そのものがなくなっていくのだが、それでもこの年には、洗顔料やクリーム、白粉などの基本となる化粧品だけでなく、頬紅や口紅などポイントメイク品の広告も、まだみることができた。

新聞や雑誌の原材料になるパルプは輸入に頼っていたので、主要な新聞のページ数は用紙の全面的な統制をうけて、昭和十六年には朝夕刊合わせて一〇ページを切るようになり、その後も減少し続けた。用紙不足の影響をうけて、雑誌も昭和十八年以降はめっきり薄くなり、化粧品に限らず広告全般が減っている。

日本軍がガダルカナル島から撤退した昭和十八年、政府は衣生活の簡素化を決定。これをうけて大日本婦人会は「決戦です！　すぐお袖をきってください！」というチラシを配布した。この頃には、勤労動員されて工場などで働く女性に向けて、クリームや白粉を宣伝する広告がみられるが、その広告スペースは非常に小さくなっている。

図28　『婦人画報』昭和17年６月号より

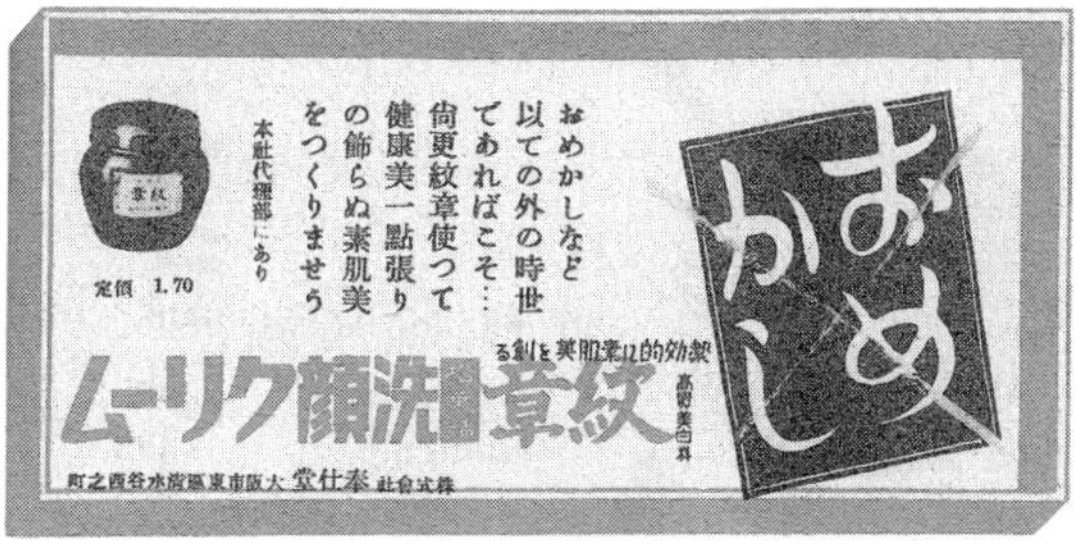

図29　『婦人画報』昭和17年６月号より

図30　『婦人公論』昭和18年9月号より

『朝日新聞』と『読売新聞』の二紙に、化粧品大手である平尾賛平商店の「レート」や中山太陽堂の「クラブ」ブランドの広告が掲載されていたのは、昭和十八年までだった。昭和十九年になる頃には、両紙から化粧品広告はほとんど姿を消している。『主婦之友』と人気を二分した女性誌『婦人倶楽部』からも、昭和十九年の一月号を最後に化粧品広告が消えた。

化粧品広告がなくなるなかで、例外ともいえるのが伊東胡蝶園だった。伊東胡蝶園は終戦の年である昭和二十年も、五月まで「パピリオ」ブランドの広告を、『朝日新聞』や『読売新聞』に出稿している。しかし、昭和二十年になると、その内容は「謀略戦にも勝ちぬかう　パピリオ」「戦ふ一億　パピリオ」などと、もはや化粧品のイメージとはかけ離れた国策協力の広告へと変わっていた。

『化粧品工業一二〇年の歩み』によると、昭和十九年の化粧品の生産数量は、対前年比で約七八％、十七年との比較では六〇％弱まで落ちこんだ。商品数をしぼり、原材料不足を代用品で補うのも限界に達したのである。十九年に化粧品広告が消えていったのは、商品不足で広告を出す意味がなくなったという理由もあるだろう。

化粧の空白期

化粧品は基本的に不要不急の品とみなされていたため、業界への原材料の配給は減少の一途をたどっていた。資生堂の場合は、医薬品・石鹼・歯磨・防虫剤・靴クリームなどを製造販売して事業を続けたが、昭和十九年頃には落ちミカンや茶の実、彼岸花《ひがんばな》の根などを原料にして化粧品用のアルコールをつくったと社史にある。また、わずかな資材の配給をうけて女子挺身隊用にバニシングクリーム・化粧水・粉白粉・口紅・ヘアオイルの五品目を製造したという。

昭和四年創業のポーラは、海軍のために防虫軟膏や凍傷用のクリームを製造している。ほかにも、航空機の風防のくもり止めや霜防止のクリームを製造したハリウッド化粧品など、軍需関連品の製造に転換して戦時下を乗り切った化粧品会社は多い。

昭和十九年末から二十年の敗戦を迎えるまでの日本は、アメリカ軍による激しい本土空襲にさらされ、人々は日々を生き抜くのに精一杯だった。新聞や雑誌から化粧に関する記事が消え、化粧品の生産も激減した状況を考えると、太平洋戦争の最後の二年は、実質的に化粧の空白期だったということができるだろう。

化粧がつむぐ夢とあこがれ

戦後

アメリカンスタイルの流行――昭和二十年代

戦後日本の復興

昭和二十年（一九四五）八月十五日、ポツダム宣言受諾の玉音放送により太平洋戦争が終わった。二〇〇を越える都市が空襲によって被災、焼け野原のなか、衣食住すべてに事欠く状況から戦後の日本ははじまった。敗戦国の日本は連合国軍の占領下に置かれ、昭和二十七年まで七年にわたってＧＨＱ（連合国軍総司令部）が間接統治する形で復興への道を歩み出す。

日本に駐留したのはアメリカ軍がほとんどだったため、戦後の日本にはアメリカの消費文化が大量に流入した。援助物資の食料や衣料、ジャズやブギなどの音楽、ハリウッド映画などを通して知るアメリカのライフスタイルは豊かで解放的だった。メディアを活用して親米感情を醸成するＧＨＱの巧みな戦略もあり、当時の日本人はあっという間にアメリカ文化に夢中になったのである。

それはファッションにもあてはまる。戦時中はもんぺだった女性の衣服は、戦争が終わっても和服に戻らず機能的な洋服へと移行した。髪型も、電気で髪を縮れさせるパーマネント・ウェーブが復活。昭和二十年代なかばには、アメリカから入ってきた、薬剤で柔らかいウェーブをつくるコールド・パーマが流行する。洋服やコールド・パーマの普及に足並みをそろえて、化粧もアメリカの模倣からはじまり、洋風化が一気に進んだ。

そして、商品を供給する側の化粧品業界は、昭和二十年代の復興期を経て、三十年代から四十年代の高度経済成長期にかけて、不況知らずの産業といわれ右肩上がりに成長した。カラーテレビが普及した昭和四十年代以降になると、化粧の流行は、テレビや雑誌などのマスメディアを介して展開される新製品キャンペーンや、女性のライフスタイルの変化に合わせて、猫の目のようにめまぐるしく変化していった。

この章では、戦後の化粧を昭和二十年代、三十年代、四十年代、五十年代から昭和末期までの四つに区切り、その時々の流行を最も映し出すメイクアップを中心に、それぞれの時代における化粧の大きな特徴を振り返る。

変わる業界図

戦後の化粧品業界は、工場の被災や輸入原材料の不足、技術者不足などが重なり、すぐには化粧品の製造を再開できない会社が多かった。その反面、混乱のさなかに新規参入する会社もあり、業界の勢力図も戦前とは変わっていった。

現在、大手の一角を占めるコーセーは戦後の参入組で、昭和二十一年に「小林合名会社」の社名で創業している。また、昭和十一年に「絹石鹸」を発売して化粧品事業に進出した鐘淵《かねがふち》紡績（略称・鐘紡《かねぼう》）は、GHQによる経済民主化政策の一環としておこなわれた財閥解体の指定をうけ、二十四年に鐘淵化学工業を設立して化粧品事業を移管。その後三十六年にふたたび化粧品部門を買い戻し、カネボウ化粧品として本格的に化粧品事業に参入した（現在のカネボウ化粧品は花王グループに属する）。

こうしたなか、資生堂は昭和二十一年十一月、人気女優の原節子をモデルに、戦後初の多色刷りポスターを制作して復活をアピールした。また、外資系ではマックスファクターが、昭和二十四年に総代理店を開設している。

終戦直後には、悪性インフレで原料価格が暴騰したせいもあり、早期に化粧品の生産を再開できた会社にしても、製品の小売価格より仕入れ値の方が高くなることすらあったという。化粧品の出荷状況は、昭和二十五年には数量ベースで二十一年の倍にまで回復したものの、二十年代なかばからは、商品のダンピング（不当廉売）が業界を苦しめた。生産量が増えたにもかかわらず、戦後の金詰り不況のせいで、一般の購買力が追いつかない事態となり、乱売合戦がはじまったのである。特に有名ブランドの商品は、おとり商品として値下げのターゲットにされた。乱売は昭和二十年代後半に一層激しさを増し、二十八年に定価販売を義務づける再販制度が認められ、翌年に実施されてから、ようやく収束に向かった。

このような厳しい環境下にあって、一般の卸・問屋経由で販売していた戦前の業界大手レート（平尾賛平商店が昭和二十四年に改称）が二十九年に廃業した。同じ年には、ライバルの中山太陽堂も負債をかかえて整理となり、二代目社長を他社から招いて再建に歩み出した。

逆に、戦後大きくシェアを伸ばしたのは、資生堂やカネボウのように、小売店を組織化し、直接契約を結んだ店にだけ商品をおろす「制度品システム」を採用するなど、自社で強固な販売組織をつくりあげた会社だった。

美容の復活

戦時中、おしゃれどころではなかった女性たちは、美しくよそおうことをどれほど待ち望んでいたのだろうか。かつて外国かぶれといわれて槍玉にあがったパーマネント・ウェーブを例にみてみよう。

終戦の翌年、昭和二十一年一月、美容家の山野愛子《やまのあいこ》は、東京中野で美容院を再開した。自伝によると、その日の食べ物に苦労する時期だったにもかかわらず、女性たちが殺到して列をつくって順番を待っていたという。同時期に開業した美容講習所でも、パーマネントの技術講習は大盛況だった。こちらは、なんとか手に職をつけて生活を支えようとする女性たちが殺到したのである。

明治末期の日本に美顔術を紹介した芝山兼太郎の娘で、美容家の芝山みよかの美容院も似たような状況だった。昭和二十一年二月に松坂屋上野店で営業を再開すると、行列ができて昼食をとるひまもないほど忙しかったという。今日の米、味噌が最優先の時代でも「おしゃれをしたい」という思いは別物だったのである。

その思いは化粧や衣服に関しても同じだった。ファッション誌『スタイル』の昭和二十一年八月号に、美容家高桑マリの「女はどう洒落《しやれ》るべきか?」という記事がある。このなかで高桑は、終戦から一年経った当時の衣料事情を、次のように述べている。

洋装の上衣だけはあるけれど、スカートがない。スカートも上衣も一揃いひはあるけれども、靴がない。靴もどうやら間に合はせたけれども、肝腎《かんじん》の靴下がない。恐らく

誰も、彼もさういふ状態にあると思ひます

その上で、洋服や着物がちぐはぐでも卑屈にならず、たとえ周囲から非難されても、「せめて顔だけは綺麗にお化粧したいとお思ひになつたら、他のことは顧みず、また無用な気兼ねや遠慮などせず、勇敢にせつせとお化粧をなさいませ」と女性たちを勇気づけた。高桑によれば、おしゃれの第一歩は、そういう積極的な心、何かをつくり出そうとする心からはじまるというのである。

『スタイル』は、作家の宇野千代《うのちよ》が編集・発行にたずさわった雑誌として知られている。昭和二十一年三月号から復刊して、最新流行のファッションを紹介したが、これが驚異的な売れゆきをみせたという。晴れ着や家財を切り売りして食料と交換するタケノコ生活が続くさなかに、このような雑誌が売れ、美容院に行列ができたのは、それだけ女性たちがおしゃれに餓え、耐乏生活のなかにひとときの夢を求めていたからにほかならない。

真っ赤な口紅

高桑のいう「おしゃれの第一歩」は、化粧では真っ赤な口紅を唇いっぱいにつけるメイクからはじまった。進駐軍の女性兵士や軍人の家族などのメイクをまねたものだが、これをいち早く取り入れたのは、当時パンパンとよばれた進駐軍相手の娼婦たちである。

ちりちりのパーマ、ＰＸ（進駐軍用の売店）や闇市で手に入れた派手なネッカチーフにロングスカート、そしてあざやかな赤い口紅。彼女たちのアメリカンスタイルのファッションは、街のなかでひときわ人目を引いた。アメリカの洋服や化粧品を真っ先に入手できる彼女たちは、良くも悪くも終戦直後のファッションリーダーだったのである。

真っ赤な口紅を上下の唇に厚く塗るのは、万事ひかえめをよしとした戦前のみだしなみ化粧の枠からはずれた、アメリカ式の大胆な化粧だが、一般の若い女性たちの間にも広まって、保守派の人々からバッシングの対象になっている。

世の女性をとりこにした人気スターの長谷川一夫《はせがわかずお》は、昭和二十一年の『スタイル』五月号で「この頃口紅だけを真ツ赤に塗つて歩いてゐる人があるが、あれは遠くから見るといかにも唇だけが歩いて来るやうで実に可笑しい」と批判して、自然の肌に近い色をつけるように注文をつけている。

同じような論調は、昭和二十二年の『婦人倶楽部』四月号に掲載された「女学校を出た娘さんへ」という寄稿文にもみられる。この著者は、四月の選挙で戦後女性初の参議院議員になった宮城《みやぎ》タマヨだが、宮城は「人を喰ったような紅い唇や驚くほどあくどい化粧は不調和に見えます」と、派手な化粧をつつしむよう諭している。裏を返せば、終戦後二年足らずの間に、赤い口紅をつける若い女性が目立ってきたのだろう。

実際のところ、昭和二十一年には、国産口紅の生産は復活のきざしをみせ、新聞や雑誌への広告出稿も少しずつ再開された。この年には、江戸時代から続く老舗の伊勢半が、「キスミー特殊口紅」を発売した。「口唇に栄養を与える」をキャッチフレーズにした口紅は、食糧不足のさなかの女性の心をとらえ、昭和二十年代なかばに大ヒット商品に成長した。

日々を生きるのが精一杯だった昭和二十年代は、一本の口紅を大切に使った時代だった。一点豪華な赤い口紅は、たとえほかの化粧品を買えなくても、それだけつければおしゃれをした気分になるひと品といえる。化粧をしたいと思った時に、「何はなくともまず口紅を」と考えて、目立つ赤色を選ぶ女性が多かったのだろう。もちろん、アメリカからやってきた流行の化粧という点も、大きな魅力だったに違いない。赤い口紅の流行は、昭和二十年代を通して息長く続いた（図31）。

光る化粧

昭和二十年代に、真っ赤な口紅とともに流行したのが「光る化粧」だった。『スタイル』は、「光る化粧とはどんなものか」という記事を、昭和二十一年五月号に掲載している。女性誌のなかで、かなり早い時期に「光る化粧」を紹介した記事ではないかと思うので一部を引用する。ここで注目されたのは、アメリカ進駐軍の女性将校がしていたベースメイクだった。

顔全体が生地の肌の色と一緒になつて、キラキラと輝いてゐるようなあのお化粧法、顔の皮膚そのものが、何か光の膜みたいになつて美しく滑らかにキラキラと光つてゐる……（中略）あれが今向ふで、特にアメリカ婦人の間で流行してゐる所謂《いわゆる》「光るお化粧法」なのです

図31　雑誌の表紙にも白人女性
青い目に金髪の女性が和服で登場。流行のあざやかな赤い口紅をつけている。(『スタイル』昭和24年1月号より)

このように、「光る化粧」とは、顔が「キラキラと輝いている」ように見えることから名づけられた白粉化粧だった。そのやり方はオリーブ油、椿油、ごま油などの植物油を薄くつけた上から粉白粉をはたくもので、粉白粉の色は手の甲よりほんの少し白っぽい色がよいとされた。同時に「白色は絶対にお避けになるやう、特にご注意して置きます」とわざわざ断り書きがあるなど、伝統的な白い白粉が「光る化粧」では否定されている。

四年後の昭和二十五年、「光る化粧」は『主婦之友』十一月号、「美容体験と化粧秘訣集」のなかで「健康的な美しさを輝かす」化粧法として紹介されている。昭和二十五年頃はクリームの生産が回復してきた時期といえ、この頃になると、植物油のほかにコールドクリームを下地にする方法が記されていた。

粉白粉とクリームを使った化粧は、明治末期から戦前にかけてもおこなわれていたが、「光る化粧」と違いは化粧下地にあった。戦前に下地として使っていたのは、おもに無油性のバニシングクリームだった。そのため仕上がりの肌はマット（つやのない質感）になった。一方、戦後流行した「光る化粧」の下地には、油性化粧品を用いるアメリカの流行を取り入れて、油分の多いコールドクリームや植物油が使われたので、つややかな肌に仕上がったのである。

図32　ピカソパステルの広告
広告もアメリカ志向が強い。（『主婦之友』昭和26年9月号より）

もうひとつ、ベースメイクの分野では、昭和二十年代に油性ファンデーションが登場。この化粧もつやのある仕上がりから「光る化粧」とよばれていた。海外の製品を参考に、日本初となるクリームタイプの油性ファンデーションを発売したのはピカソ美化学研究所で、昭和二十二年のことだった。

昭和二十年代後半には、多くの会社からクリームタイプやスティックタイプなど、さまざまなファンデーションが売り出されている。

下地ではなく、商品そのものに油分を含んだ油性ファンデーションは、昭和二十年代なかばには「新しい時代の化粧法」などといわれて、新聞や女性誌で紹介された。

コールドクリームの上に粉白粉をはたく化粧よりカバー力があるという長所に加えて、昭和二十五年にピカソ美化学研究所から発売されたスティックタイプの国産品が、携帯に便利だと大ヒットしたこともあり、油性ファンデーションは急速に普及していった（図

32)。

あこがれの女優肌

粉白粉や油性ファンデーションなどベースメイクの色についても、戦後は大きな変化があった。昭和二十年代後半になると、ピンク系の白粉が大流行したのである。その背景には、当時では珍しかったカラー映画の影響があったといわれている。

日本では昭和二十八年に白黒テレビの本放送がはじまった。しかし、最初の頃はテレビの値段が高すぎて庶民には手が届かず、二十年代を通して、見る娯楽の一番人気は映画だった。なかでもカラーとなると、外国映画でもまだその数は少なかったのが実情である。

そうしたなか、昭和二十六年三月に、国産初の「総天然色映画」と銘打ったカラー作品『カルメン故郷に帰る』が公開された。人気女優高峰秀子《たかみねひでこ》が主役を演じたこの映画は、全国各地で上映され大ヒットしている。

高峰秀子は、カラーフィルムのメイクアップテストについて、日本人の黄色味を帯びた肌色を消すため、ピンク色のドーランをベースに塗り、上からさらに別の色のドーランを重ねて、俳優それぞれの肌に合う最適な色をつくりだしたと自伝に記している。しかし、試行錯誤を重ねたにもかかわらず、結果的に初期のカラー映画は技術上の問題から赤の発

図33　テルミーの広告

色が強く出て、主演女優の肌色はピンクがかってみえた。

本来なら、黄味の入った平均的な日本人の肌に、ピンク系のベースメイクは不自然といえる。それにもかかわらず流行になったのは、数少ない外国のカラー映画に登場する白人女優のピンク系の肌色や、高峰秀子などのピンクがかった肌色をみるうちに、あこがれの女優の肌はピンクという美意識が刷り込まれ、まねをする女性が増えたためといわれている。

化粧品会社の対応では、テルミー化粧品が昭和二十六年の『主婦之友』九月号に、「鮮やかな天然色映画のお化粧があなたのお顔に現れる！」というキャッチフレーズを使用。カラー映画を意識したファンデーションの広告をいち早く載せた（図33）。

翌年、昭和二十七年二月十六日の『読売新聞』は当時の状況を、白粉の流行色がピンク系に移ってきて、化粧品会社はピンク系の白粉を日本人の肌に合わせるため「オークルにピンクを合せてみたりして色の切りかえに余念がない。同じオークルでも、戦前の黄味がかったオークルはぜんぜんかえりみられないそうだ」と記している。

この化粧をすると顔の血色がよくみえるので、頬紅があまり使われなくなった。昭和二十六年に一億五〇〇〇万円ほどの出荷金額だった頬紅は、ほかの化粧品が年々増加したにもかかわらず減り続け、三十年に九〇〇〇万円台と六割近くまで落ちこんでいる。これはおそらくピンク系のベースメイクが流行したせいだろう。

いわゆる「ピンク化粧」の流行は昭和三十年代も続いたが、その理由のひとつに照明の問題があった。当時の蛍光灯は演色性が悪かったので青色が強く出て、蛍光灯の下にいると肌がくすんで汚れてみえたのである。そのため女性誌は、オフィスで働く若い女性に対して、蛍光灯対策のためピンク系のファンデーションや粉白粉をすすめたのだった。

カラー時代の到来——昭和三十年代

流行色のキャンペーン

経済白書に「もはや戦後ではない」という言葉が登場したのは、昭和三十一年（一九五五）。昭和二十年代を復興の時代とすれば、三十年代は工業の発展による高度経済成長期が幕を開けた時代だった。経済成長の波に乗り、化粧品の売り上げは、出荷金額で昭和三十年の対前年比一五％増を皮切りに、毎年二けたの割合で増加した。

業界の成長が著しい昭和三十年代、日本ではじめてマーケティングの概念を導入して口紅のキャンペーンをおこなったのが、外資系のマックスファクターである。

昭和三十四年三月三日、「銅像さえもよみがえる　ローマン・ピンク」をキャッチフレーズにした二色刷りの全面広告が、朝日・読売・毎日など主要な全国紙の朝刊に掲載された。この時、マックスファクターは、東レや旭化成、ナイガイなどのアパレル各社と組んで、イタリアンモードのファッションと口紅を連動させた大型キャンペーンを展開した。雑誌では『婦人画報』とタイアップして、四月号に「ローマン・ピンク」をテーマにした

図34　「ローマン・ピンク」の特集（『婦人画報』昭和34年4月号より）

ファッションやヘアメイクの特集を三〇ページ以上も載せている（図34）。また、百貨店でも、日本橋高島屋店内のディスプレイを、ピンクカラーに統一するイベントを開催して話題をつくり、ピンクの口紅を日本中に浸透させた。

昭和三十年代初期は、若い女性の間で、それまでの常識だった赤に代わって、ピンクのファンデーションに合わせたピンク系の口紅が流行しはじめたところだった。そこで「口紅はピンク」を決定づけたのが「ローマン・ピンク」のキャンペーンだったのである。

この年の口紅の出荷金額は、前年比二八％増と大幅に上昇して口紅ブームを巻きおこしている。翌昭和三十五年一月三十日の『朝日新聞』は、ブームを次のようにコメントした。

ひところ「口紅は一本で一年はもたすもの」などといわれていましたが、いまはすっかり変わり、およそおしゃれに関心のある女性なら、少なくとも一人で三色や五色の口紅は持っていようというはやりよう。それが、こんなに口紅の売れ行きをのばした理由でもありましょう

昭和三十四年は岩戸《いわと》景気のさなかで、「消費は美徳」が流行語になった年だった。経済成長の恩恵をうけて、赤やピンクなど、違う色の口紅を何本も持つゆとりが生まれたのが、昭和三十年代なかばだったのである。

マックスファクターに続いて、昭和三十六年には資生堂が「キャンディトーン」のテーマで、会社としてはじめて口紅のキャンペーンをおこなった。最初のうちは春に一度だけだった大手化粧品会社のキャンペーンは、年に二回、三回と徐々に増え、昭和四十年代後半から五十年代にかけては、マスメディアを大々的に活用した年四回のシーズン・キャンペーンが恒例になり、次々と新しい流行色が生み出されていった。

カラー時代のアイメイク

昭和三十年代なかばの女性誌をみると、化粧の特集に「カラー時代」という言葉が使われている記事がある。大衆の娯楽だった映画のカラー化が進み、雑誌のカラーグラビアも増えるなど、技術の進歩によって、身の回りのさまざまなものが、色あざやかに変わっていったのが昭和三十年代だった。

何よりも昭和三十五年はカラーテレビ元年で、九月に本放送がスタートしている。カラーテレビは高額すぎて、一般家庭に普及したのは昭和四十年代に入ってからだが、三十年代がそれまでより「色」を意識する時代になったのは間違いない。化粧品業界が、口紅の流行色を設定したカラーキャンペーンをはじめたのが、いい例といえる。

「カラー時代」の昭和三十年代に、口紅に次いで注目されはじめたのが、アイメイクだった。アイメイクのうち眉やアイラインは、昭和三十年代前半から、日本で大人気だったオードリー・ヘプバーン風の角度眉や、目じりを上げた太目のアイラインが、若い女性の間で流行していた。

しかし、アイシャドウに関しては、茶色やグレーなどを目や鼻の修整化粧に使うことはあっても、ブルー、グリーン、パープルなどのあざやかな色をつけるのは、まだ一般的ではなかった。そうした色は、女優やモデル、あるいは水商売の女性などが、舞台や夜のメイクに使うものだという意識が強かったのである。

昭和三十二年には、カリブの労働歌「バナナボート」のカバーを大ヒットさせた浜村美智子《はまむらみちこ》のメイクが「カリプソメイク」といわれて世間の注目を浴びた。デビュー当時、一八歳の高校生だった彼女のメイクは、南国風の褐色の肌にグリーンのアイシャドウ、黒のアイライン、濃いマスカラで目元を強調し、逆に口紅は色味をおさえたベージュ系だった。彼女をまねたメイクが女性誌で紹介されたとはいえ、この時期にグリーンなどカラフルなアイシャドウをつけるのは、よほどおしゃれ意識の高い女性に限られていた。

女性誌にアイメイクの広告や美容記事が増えるのは、昭和三十年代後半になってからである。昭和三十五年の『婦人画報』八月号には、美容家メイ牛山の「目のおしゃれ」という記事が載っている。その冒頭は「'60年のおしゃれとして大きくクローズアップされたのは、大きい目のファッションです。それもカラー時代の流行を反映して、《色をつけた眼》の登場です」という文章からはじまっていた。

「色をつけた眼」とは、ブルーやグリーンなどの色をまぶたにつけるアイメイクを指しており、この頃から、色あざやかなアイシャドウが、昼間につけてもかまわない化粧品として積極的に紹介されるようになった。

その背景には、マックスファクターや資生堂、ポーラ、コーセーなどの化粧品会社が、昭和三十五年頃からアイシャドウの新製品を次々と発売したことがあげられる。

資生堂の「シャドウスチック」（昭和三十五年発売）を例にとると、雑誌広告では「立体的な美しさをつくる」商品として紹介され、「今までになさったことのない方も、一度おためしになって下さい」などのコピーが添えられていた。さらに、同じ商品で「かがやくような色調」のレインボウカラーには「午後から夜のメイクアップにお使いください」と、わざわざ使用する時間帯が記されていた。

このように昭和三十年代後半は、化粧品会社や女性誌の主導のもとで、アイシャドウをはじめとするアイメイクの方法が、初心者にもわかるように、ていねいに解説された時期だった。

立体化粧で外人顔に

昭和三十年代の美容記事には「立体化粧」「立体感のある顔」などの言葉がよく出てくる。「立体化粧」とは、顔を立体的にみせる修整メイクのことで、戦後は、平面的な日本人の顔を、いかに白人女性のように立体的にみせるかが、メイクアップの重要なポイントになった。

こうした「外人顔」志向は、二十年代の美容記事にもみることができる。『スタイル』は昭和二十六年十一月号に、「外人のように立体的な顔に見せるお化粧法」という記事を載せた。このなかで美容家の牛山《うしやま》喜久子《きくこ》は、日本人の平面的な顔は和服を着るには濃化粧によって美しく感じられたが、すべてが立体的な洋装では丸みや厚み、深みなどが欲しくなるという考えを述べている。その上で「立体的な顔にお化粧出来れば、貴女の素敵な洋装姿も一段と映える」と、洋装とのバランスの観点から「立体化粧」をすすめていた。

改めて戦後の化粧を振り返ると、戦後のメイクアップは、それまでの白粉中心から、唇や目元などのポイントメイクを重視して、個性美を発揮する欧米流へと大きく変わっていった。そして、少なくとも昭和四十年代までは、化粧品会社にしろ、女性誌でひっぱりだこの有名美容家にしろ、最新流行の化粧品や美容技術のノウハウを学ぶ先は常に欧米だった。その結果、顔に対する美意識も「外人顔」が基準になり、美しさの理想形になったと考えられる。

また、アメリカを礼賛する占領政策の影響をうけて、外国映画や雑誌の表紙、化粧品広告など、至るところに登場する白人女性を目にするうちに、情報の受け手である一般女性の側にも、彫りの深い「外人顔」が美しいという美の基準が刷り込まれたのだろう。その美意識は、時代による程度の差こそあれ、現在まで続いているといっても過言ではない。

低い鼻や、はれぼったい目を修整する化粧法は、古くは江戸時代の美容書にも載っているが、それらはあくまで日本人同士の相対的な問題だった。しかし、戦後は比較の対象が白人女性になったことにより、東洋人である日本女性の平面的な顔立ちそのものが、修整すべき欠点とみなされるようになったのである。

昭和二十年代末から三十年代にかけての映画全盛期に、オードリー・ヘプバーンやソフィア・ローレンといった個性派女優が人気になると、今度は彼女たちの顔に近づくための「立体化粧」が、女性誌などで特集された。

日本女性の顔を立体的に修整するには、目に陰影をつけて大きくみせることと、鼻を高くみせることが必須だった。そのために、茶系やグレーなど、顔になじむ色のアイシャドウや頬紅を、まぶたや鼻の両脇に伸ばしたり、ファンデーションの濃淡二色使いで立体感を出すなどの、さまざまなテクニックが紹介されている。ちなみに顔の形は、卵型がベストとされた。

美容家のマヤ片岡は、昭和三十五年三月一三日の『読売新聞』の記事のなかで、日本の化粧技術が「いかにして西洋人なみの美しさになれるかということにうき身をやつしている」と苦言を呈している。しかし、この頃から顔を立体的にみせるアイシャドウが積極的にPRされはじめたことを考えれば、「立体化粧」の流れは実はここからが本番だった。

視点を変えて、流行の先端をいくモデル業界に目を向けると、入江美樹《いりえみき》、丘《おか》ひろみ、山本リンダなどのハーフのモデルが活躍しはじめたのが、昭和三十年代後半だった。プロポーションのよさもさることながら、黒髪と黒い瞳は日本人で、彫りの深い目鼻立ちは西洋人を思わせる彼女たちこそ、時代が求める美人だったのである。

ハーフのモデルやタレント人気は昭和四十年代にピークを迎え、杉本エマ、前田美波里《びばり》、ティナ・ラッツなど多くのハーフモデルが化粧品広告でも活躍している。

大衆化するメイクアップ——昭和四十年代

テレビの普及と団塊の世代

「追いつけ追い越せ」の昭和三十年代を経て、「いざなぎ景気」の順調な経済発展からはじまった四十年代は、高度経済成長の波に乗り、人々がより豊かな暮らしを求めて働いた時代だった。総理府の『国民生活に関する世論調査』によれば、自分の生活水準が上・中・下の「中」に属するという意識を持つ人が、昭和四十年代には九割に達した。このことは、庶民の間に中流意識が浸透したことを裏づけている。

昭和三十年代に、冷蔵庫や洗濯機と並んで「三種の神器」といわれた白黒テレビの世帯普及率は、四十年の段階で九割を超えた。カラーテレビへの買い替えも少しずつ進み、昭和四十七年には半数以上の世帯が所有する家電になった。

女優や歌手などのメイクアップを、その色づかいまではっきり映し出すカラーテレビの普及は、一般女性のメイクアップへの意識を高める上で、大きな役割を果したといえるだろう。また、昭和四十年代には、資生堂やカネボウなど、大手化粧品会社のキャンペーンが本格化。テレビＣＭを中心に、各社がしのぎをけずるようになったこともみのがせない。

この時期に、化粧を含むおしゃれの主役になったのが、団塊世代の女性たちだった。戦後のベビーブームの時期に生まれ、昭和四十年代前半に化粧年齢を迎えた団塊世代の女性たちは、その数の多さから流行を生み出す原動力になった。物心ついた時からアメリカ文化の洗礼をうけて育った彼女たちは、世界的に流行したミニスカートをはじめ、次々と登場する革新的なファッションを、積極的に受け入れて楽しんだ世代である。

その柔軟さは化粧に対しても発揮され、彼女たちは、欧米からやってきた、これまでにないメイクアップに果敢にチャレンジした。数のパワーを持つ彼女たちが、その上の世代を巻きこんで、昭和四十年代の間に、欧米式のメイクが大衆化したということができる。

アイメイク全盛期

昭和四十年代のメイクの最も大きな特徴は、欧米にくらべて立ち遅れていたアイメイクが一般女性に広まって、「外人顔」を模倣するメイクが全盛期を迎えたことである。

化粧品会社は、昭和三十年代後半からアイシャドウを広めようと積極的に宣伝していたが、三十年代のうちは普及したとは言い難かった。

アイメイク流行のさきがけになったのは、外資系のマックスファクターだった。マックスファクターは、昭和四十年、「ファッシネイティングアイズ（魅惑の目）」をテーマに、アイメイク品全般を訴求するキャンペーンをおこなった。『読売新聞』四月四日の広告には、「唇から目へ……魅力の中心を〈目〉におくメークアップは世界の流行」というコピーがつけられている。欧米では目元を強調するメイクが昭和三十年代後半から流行していたので、それを日本でも広めようとしたのである。

そして昭和四十二年十月に、ミニの女王といわれたイギリス人モデル、ツイッギーが来日したのを契機に、日本にアイメイクの大ブームがやってきた。彼女のメイクは女性誌でも先行してとりあげられていたが、目からはみだすほど長く引いたアイライン、ダブルラインにしたアイシャドウ、つけまつ毛やマスカラを重ねて目元を強調したメイクは、膝上

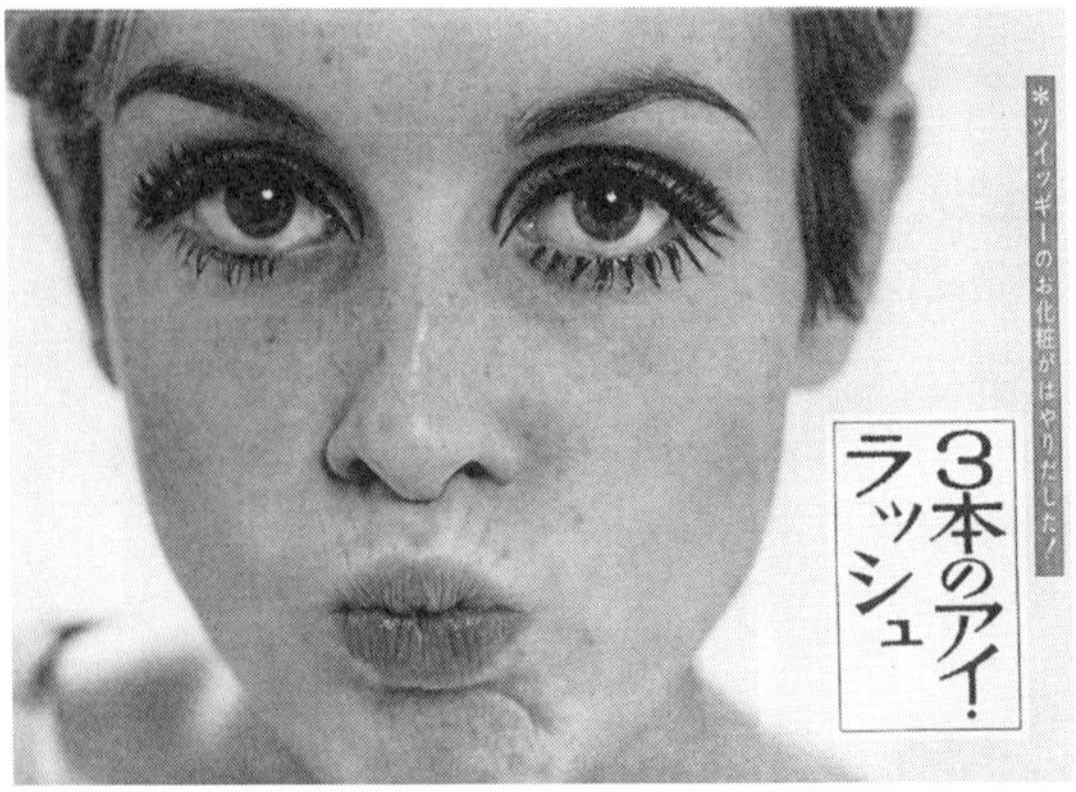

図35　ツイッギーのアイメイク（『女性セブン』昭和42年6月28日号より）

三〇㌢のミニスカート同様、一大旋風を巻き起こした（図35）。

翌年には日本でもツイッギー風の技巧的なアイメイクが流行している。

統計によると、昭和四十年の「眉墨・まつ毛化粧料（マスカラ）」の出荷金額は、前年とくらべて三四％増えた。さらに昭和四十一年には七四％増、四十四年に七一％増と四十年代前半に大きく伸びている。また、「アイメイクアップ（アイシャドウ・アイライナーなど）」の出荷金額は、ツイッギーが来日した翌年の昭和四十三年に、前年比で六三％増と大きく伸び、四十四年には一二八％増、四十五年には五三％増と、三年連続で驚異的な伸び率を示した。このことは目元の化粧が四十年代なかばにかけて、一気に浸透したことを裏づけている。

その一方で、目を強調するために、眉の形は昭和三十年代より細くなり、口紅も四十年代前半は、目元をきわだたせるため淡いピンクなど薄めの色が流行した。

昭和四十年代の化粧品会社はアイメイクの普及に力を注いでおり、後半になってもブームは続いていた。ダブルラインで大きな二重まぶたを強調した前半とくらべて、後半はアイシャドウで目元を囲んでくぼみ目にみせるメイクで、よりソフトに立体感を出したが、いずれにしても彫りの深い「外人顔」を意識していた。

眉に至っては、自前の眉を抜いて、線のような細い眉を描くのが流行のメイクになった。さらに、立体感を際立たせるために、頬紅やノーズシャドウ、ハイライトをしっかり使って、顔全体を一層つくりこんだメイクが美容記事で紹介された。それは、今振り返っても、「いかにも化粧しました」と感じられるヘビーメイクだった。

こうした流行のアイメイクに対する風当たりは強く、アイメイクで目の周りが黒くみえる様子は、「タヌキのような目」などと揶揄《やゆ》され、ブルーのアイシャドウは、評論家から「死体の色みたいなアイ・シャドウをなぜ美しいと錯覚しているのか」（『婦人画報』昭和四十七年八月号）などと酷評されたりもした。

しかし、若者文化が流行を先導し、旧来の価値観にとらわれない自由なファッションが流行するなか、アイメイクも時が経つにつれ人々の間になじんでいった。最後まで普及しなかったアイメイクが日常化粧に定着して、戦後のメイクアップはそれまで手本にしてきた欧米と同じレベルまで追いついたのである。

夏は小麦色の肌へ

アイメイクがブレイクした昭和四十年代に、日本人の美意識を大きく塗りかえた出来事がもうひとつあった。それは、小麦色の肌の流行である。

古来より白い肌を尊ぶのは日本でも欧米でも共通していたが、ヨーロッパでは一九二〇年代に、バカンスをとって海などの保養地に行き、肌を焼くのがセレブの象徴と考える美意識が生まれ、ここから日焼け肌の流行がはじまった。

昭和十一年七月二十四日の『東京朝日新聞』には、「真夏のお化粧法　ナンとパリでは『煉瓦《れんが》色』が新流行」などと、パリで日焼け肌が流行している様子が紹介されている。しかし、日本では、日焼けはあくまで健康美の一環というとらえられ方をしており、豊かさと関連づける論調にはなっていない。もともと日本人は、白人とくらべて人種的にメラニン色素が多く日に焼けやすいため、肌を焼くよりも、白い肌を保つことの方に価値を置いていたのだろう。

それが変わりはじめたのが昭和三十年代後半だった。経済成長によって所得が増えたこの時期に、日本でも「レジャー」や「バカンス」という言葉が流行語になり、海や山への旅行、スポーツ、ドライブなどアクティブな余暇を楽しむ人々が増えていった。

レジャーブームの到来を機に、化粧品会社はアウトドアでも化粧くずれしにくい、天然海綿に水を含ませてつけるケーキ（固形）タイプの夏用ファンデーションや、日焼け用のサンオイルを発売して、日焼け肌の美しさを訴求しはじめた。

そして昭和四十一年、「太陽に愛されよう」をキャッチフレーズに、資生堂が仕掛けたファンデーションのサマーキャンペーンが、肌を焼くことを夏のトレンドと決定づけた。この時、資生堂は、日本の広告史上はじめての海外ロケをハワイでおこなった。青い空の下、小麦色の肌をした前田美波里が水着姿で浜辺に横たわるポスターは、日焼けした女性の健康な美しさをアピールして、多くの女性の心をつかんだのである（図36）。

資生堂の社史によると、ポスターは貼ったその日のうちに持ち去られてしまうほど反響が大きく、サンオイルは前年の在庫分まで売りつくされたという。「白肌志向」の日本に「日焼けした肌も美しい」という新しい美意識を植えつけたのが、このキャンペーンだった。欧米に遅れること四〇年余り、夏の日焼けがようやく日本でも市民権を得たのである。これを契機に、若い女性たちは夏には競って肌を焼くようになる。

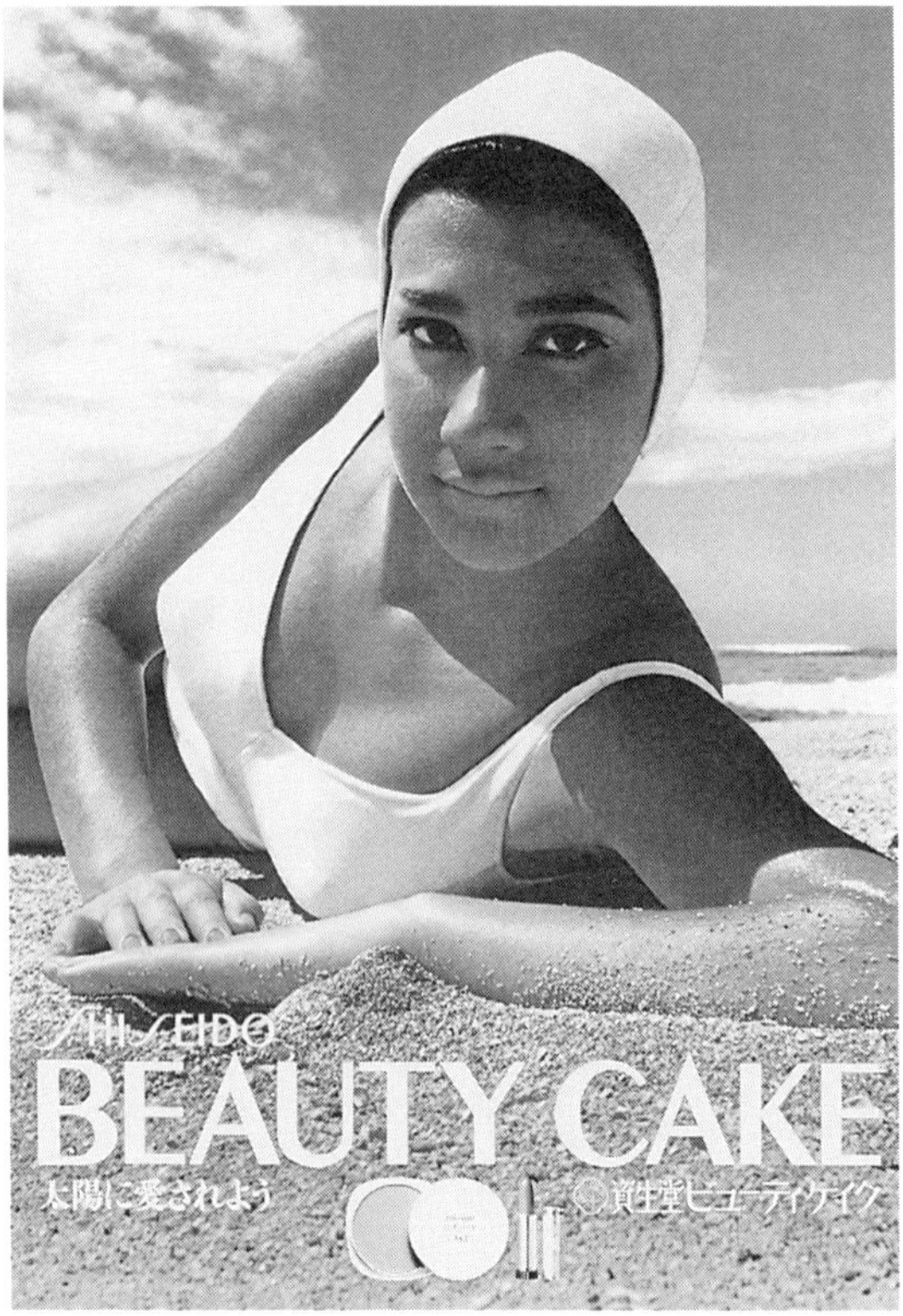

図36　「太陽に愛されよう」のポスター
（横須賀功光撮影，昭和41年，資生堂企業資料館提供）

日焼け肌の流行にともない、ピンク系が主流だったファンデーションに、濃いオークル系が加わるなど、ベースメイクの色も変わりはじめた。

夏には日焼け肌を訴求するキャンペーンは、昭和四十年代のうちに大手化粧品会社の定番になった。この流れは昭和五十年代も続き、夏目雅子のデビュー作になったサマーキャペーン「ｏｈ！　クッキーフェイス」（昭和五十二年、カネボウ）をはじめ、褐色に日焼けしたキャンペーンガールが夏の訪れを告げている。

ただし、夏にこんがり肌を焼くのがブームになったからといって、白い肌にこだわらなくなったわけではない。むらなくきれいに日焼けするにはオイルを塗り、日焼けしたくなければ、日焼け止めクリームの上からファンデーションを塗ってカバーする。そして秋になったら、もとの白い肌に戻すためにパックやマッサージに精を出すのが、昭和五十年代まで続いた夏から秋の化粧パターンだった。

個性を重視する時代へ——昭和五十年代から昭和末期

多様化する化粧

昭和五十年代から昭和末期にかけて、日本はオイル・ショックや公害問題などの試練を乗り越えて、安定成長を続けていた。特に昭和末期は円高やバブル景気の影響で、庶民の間に高級品やインポートブランド熱が盛り上がるなど、消費ブームが巻き起こっている。

ものがあふれかえる豊かな社会の到来は、人々の価値観を大きく変えた。誰もが同じものを持つ「大量生産・大量消費」の時代は終わり、自分の好みに合わせて欲しいものを選ぶ、「多様化・個性化」への希求がはじまったのである。

化粧についても同じことがいえた。昭和四十年代を、大きな流行を皆で追う化粧の「大衆化」の時代とすれば、五十年代から昭和末期は、基本的な化粧知識が一般女性にひととおりいきわたり、次のステップとして、細分化したファッションやライフスタイルに合わせて、個人が自分らしいメイクを選ぶ「個性化」重視の時代だった。

消費者ニーズの多様化をうけて、化粧品も大量生産から多品種少量生産へとシフトした結果、化粧品のブランド数やメイク品の色数は、どんどん増えていった。昭和五十七年（一九八二）頃からは、いろんなメイクを楽しみたい女性のために、色やアイテムを自由に組み合わせるユニット式のメイクパレットや、ミニサイズの口紅など、これまでにないコンセプトの商品が次々と登場している。

昭和五十年代の大手化粧品会社は、従来の女優やモデルなどを起用したCMに、イメージソングをタイアップしたキャンペーンを展開して、人々の話題をさらった。初期のものでは、CMソングのさきがけになった小椋佳の「揺れるまなざし」（昭和五十一年、資生堂）をはじめ、堀内孝雄の「君のひとみは10000ボルト」（五十三年、資生堂）、桑名正博の「セクシャルバイオレット№1」（五十四年、カネボウ）など、多くのヒット曲が化粧品のCMから生まれている。

また、テレビ以外のマスメディアでは、次々と創刊された女性誌が、化粧の多様化を後押しした。五十年代には『ＪＪ』（昭和五十年）、『ＭＯＲＥ』（五十二年）、『25ａｎｓ』（五十五年）、『ｗｉｔｈ』（五十六年）など、若い女性をターゲットに女性誌の創刊が相次いだ。これらの女性誌は、昭和四十年代に創刊された『ａｎ・ａｎ』や『ｎｏｎ‐ｎｏ』とともに、それぞれが提案するファッションやライフスタイルにふさわしい化粧の形を読者に提供した。

そのなかでも特に影響力があったのは『ＪＪ』と『ａｎ・ａｎ』だろう。ニュートラやハマトラファッションを流行させた『ＪＪ』が、お嬢さま風エレガントメイクを主導して女子大生やＯＬをとりこんだのに対して、『ａｎ・ａｎ』はＤＣブランドと先鋭的なメイクを身上に、ハウスマヌカンなどファッション業界の女性たちに圧倒的な人気があった。

ナチュラルメイクの流行

「多様化・個性化」が時代のキーワードになった昭和五十年代に、同じように顕著になった大きな流れに「ナチュラル（自然）志向」の台頭がある。

ナチュラル志向が時代の趨勢《すうせい》になった理由のひとつに、それまでの高度成長期の影の部分である、公害や環境汚染が社会問題化したことに対する反動から、社会全体に自然回帰の風潮が高まったことがあげられる。

とりわけ化粧品に関しては、「女子顔面黒皮症」をはじめとする化粧品をめぐる肌トラブルが問題になり、昭和五十二年に化粧品会社五社を相手取った大阪裁判がおこるなど、商品の安全性が疑問視されたことが、ナチュラル志向に拍車をかけた。

人が生きる上で基本となる「食」の分野では、昭和五十年代に無添加食品や自然食品がブームになったが、化粧品も同様で、植物から抽出したエキスなど、天然の原材料にこだわるスキンケア商品や、鉱物油や防腐剤不使用をうたった「自然派」化粧品が数多く発売されている。

昭和五十年代のはじめには、メイクアップにおいても「ナチュラルメイク」が注目された。理由のひとつに、欧米のメイクのトレンドが、一九七〇年代にはナチュラル志向だったので、日本も影響をうけたという点があげられる。ただ、日本の「ナチュラルメイク」の場合は、意識の面で、白人女性のような彫りの深い顔をつくる技巧的な「立体化粧」から、日本人らしさを意識した自然なメイクへの転換を意味していたところに特徴があった。

業界トップになっていた資生堂は、昭和五十一年秋発売のメイクシリーズ「シフォネット」のキャンペーンで、和風美人の真行寺君枝《しんぎょうじきみえ》を起用。「ゆれる、まなざし」をキャッチフレーズに、日本人の顔の魅力を引きだすメイクを提案して話題になった（図37）。

図37　「ゆれる、まなざし」のポスター
（十文字美信撮影，昭和51年，資生堂企業資料館提供）

広告のコピーでは「平面的な顔だちだから謎めいたまなざしが生まれるのです。切れ長の形の目だからある種のなまめかしさが欲しいのです」などと、日本人の平面的な顔を肯定的にとらえ、切れ長の目を生かしたアイメイクのキャンペーンを展開している。

同様にカネボウも、その前年の昭和五十年に、メイクシリーズ「イフG」の広告で、「タマゴ、わりましょう」のキャッチコピーを使い、美人の理想形とされてきた卵型にむりやり顔を修整する従来のメイクをやめて、個性を生かすメイクを打ち出した。

このように、業界大手の化粧品会社が「立体化粧」や「修整化粧」を見直す方向に舵を切ったことは、アメリカの模倣からはじまった戦後のメイクアップが成熟期を迎え、メイクパターンをつくる化粧品会社の側に、日本人にふさわしい形を自ら考えようとする意識が芽生えていたことを示している。

女性誌では『JJ』が昭和五十年六月の創刊号から、自分の顔を生かすメイクを提案した。創刊号では「人間の顔はもともと立体的」という視点に立ち、ハイライトやシャドウを過剰に使う「立体化粧」からの脱却を目指した。

具体的にはアイシャドウや頬紅などのポイントメイクについて、「よりあっさりしたナチュラルメーク」「基本のメーク」「自分の顔で笑うために許されるメークの限界」の三パターンを提示。これ以上濃いメイクはやめようという基準を示したのである。

『JJ』は同年十月号で「イエロー・イズ・ビューティフル　あなたの肌を生かしたニュー・メーク」と題して、黄色人種である日本人の肌のつややかさ、若々しい顔だち、一重まぶたを美点としてとりあげるなど、継続してナチュラルメイクを啓蒙していった。

ナチュラルメイクの考え方はゆるやかに広まり、立体感を強調するメイクは次第に姿を消した。頬紅やノーズシャドウは、使うにしても濃くはしないのが基本になり、昭和四十年代に流行したつけまつ毛もすたれてしまう。

変化するナチュラル観

そして昭和五十年代後半になると、今度は素肌のナチュラル感が重視され、女性誌には「素肌に近い」「素肌っぽい」メイクを提唱する記事が増えていった。ただし、この場合の「素肌っぽい」とは、決して化粧が薄いという意味ではない。ファンデーションでしっかりと下地をつくり、自然にみえるブラウン系のアイシャドウで仕上げをするなど、つくりこんでもなお素顔らしくみえるのが、新しい「ナチュラルメイク」の考え方だった。

こうしたナチュラルメイク流行の影には、ファンデーションの進化があった。現在、広く使われているパウダーファンデーションは、業界ではじめてコーセーが開発したもので、昭和五十一年に発売されたのが最初である。それまで仕上げにつけていた粉白粉を不要にするこのファンデーションは、簡便性にすぐれ、しかも仕上がりが自然だったので、他社もあとに続き、あっという間に普及した。

また、昭和末期には、素肌の美しさを生かすという観点から、パウダーファンデーションではなく「リキッドファンデーション＋パウダー」の組み合わせが推奨されたが、それを可能にしたのが、乳化技術の進歩によって新しく開発された、軽い仕上がりのリキッドファンデーションだった。

ナチュラルメイクの流行は、ファンデーションの色味にも影響を与え、昭和五十年代になると、戦後長い間にわたって主流だったピンク系ファンデーションに代わって、黄味系の色が増えていった。それはファンデーションが日本人の実際の肌色に近づいてきたことを意味していた。肌に近い色を使用することで、ナチュラルメイクは、より自然な仕上がりになったのである。

この影響をうけたのが頬紅である。ナチュラルメイクが浸透して顔の立体感を強調しなくなった結果、頬紅離れが起こり、頬紅は昭和六十一年から出荷金額が減りはじめ、平成八年（一九九六）頃まで減少傾向が続いた。

太眉は自立のシンボル

全体的にソフトに、そして自然になっていくメイクのなかで、逆に太く濃くなったのが眉だった。昭和四十年代後半には細かった眉は、ナチュラルメイクの流れに乗って、五十年代に入ると自然な太さに戻り、後半から六

図38　ナチュラルな太眉
（モデルは岸本加世子，『花椿』367号，昭和56年，十文字美信撮影，資生堂企業資料館提供）

十年代にかけて、今度は太眉ブームがやってきた（図38）。

当時の社会情勢を振り返ると、昭和五十年代は、女性の地位向上が世界的な課題になった時期と重なっている。国連は昭和五十年を「国際婦人年」と定め、女性の自立と地位向上を目指して、各国が向こう一〇年取り組むべき指針となる「世界行動計画」を採択した。日本でも「キャリアウーマン」が流行語になり、昭和六十一年には男女雇用機会均等法が施行された。男性に伍してバリバリ働くパワフルな女性が時代の顔になるなかで、メイクアップにも力強さが求められたことが、太眉流行の背景にあると考えられる。

フェミニズム運動が盛んだった一九七〇年代のアメリカでは、化粧は女性を抑圧するものだというフェミニストの主張もあり、化粧がナチュラル志向に向かった要因のひとつになっている。そのアメリカで、太眉流行のはしりとしてあげられたのが、モデルで女優のマーゴ・ヘミングウェイだった。

一九七五年に『ＴＩＭＥ』誌の「ニュービューティーズ」に選ばれた彼女は、ナチュラルを体現するグラマラスなボディに、印象的な太い眉でファッション誌の表紙を飾った。翌年には主演映画の『リップスティック』で、自分をレイプした犯人を裁判に訴え、最後には射殺する強い女性を演じたが、その意志の強さを表現したのが彼女の太い眉だった。

日本で太い眉が本格的に流行するのは、少し遅れて昭和五十七年頃からである。この年に、『エンドレス・ラブ』などの主演映画が大ヒットしたアメリカの女優ブルック・シールズが、カネボウのキャンペーンモデルとして来日。そのきりりとした太眉がブームに火をつけた。ちなみに、先のマーゴ・ヘミングウェイも、昭和五十八年に大塚製薬の「ポカリスエット」のＣＭに起用され、みごとな太眉を披露している。

眉は時代を映すというが、「女らしい」「やさしい」「エレガント」などの形容詞がついていた細眉とは対照的に、昭和末期にかけての太眉は、「知的」「中性的」「男にこびない」などの言葉で語られ、女性の精神的な自立や意志の強さをあらわすシンボルとして、肩パッドを強調したファッションに組み込まれた。

当時の女性誌をみると、たとえお嬢様風のエレガントメイクであっても、総じて眉は太かったが、そのなかでも特に技巧的な太眉メイクを紹介したのが『ａｎ・ａｎ』だろう。
昭和六十年の四月十二日号で「今風な眉のお手本は、お習字にある漢字の〝一〟の筆使い」などと太眉の描き方を載せ、同年九月六日号では「標準の眉なら、約二倍、幅一・五センチぐらい。これが可愛く見えるギリギリのせん」と、具体的なサイズを出して極太眉の描き方を紹介している。

「幅一・五センチ」もある太眉は、今の感覚ではかわいい範疇《はんちゅう》を超えているが、『ａｎ・ａｎ』の太眉メイクは、当時流行していた個性派ぞろいのＤＣブランドファッションに負けない、主張のあるモードメイクだった。

太い眉に負けないポイントメイクとして、昭和末期には、力強さを感じさせる赤い口紅が流行している。昭和六十二年には、真っ赤な口紅がトレードマークだった歌手のマドンナが世界ツアーのため来日。その翌年、日本でも口紅は赤がブームになり、ワンレン・ボディコンのファッションとともに、バブル景気真っ盛りの昭和の最後を飾った。

一転、焼かない肌へ

さて、昭和の最後を締めくくるのは、ふたたび日焼け肌の問題である。小麦色の肌がブームになったのは昭和四十年代だが、五十年代もその流行は続いていた。昭和五十年代の日焼けメイクを代表するのは、女子大生や二十代OLの間で一世を風靡した「サーファーメイク」である。サーファーメイクは、日焼けした肌に、パール入りの明るいブルーのアイシャドウとパールピンクの口紅を合わせるのが典型的スタイルで、もともと昭和五十三年頃から関西のサーファーの間でおこなわれていたものが、『JJ』にとりあげられて全国規模の流行に広がっていった。

彼女たちが参考にしたのは、アメリカで一九七六年に放映がはじまり、日本では翌年秋から放映されたテレビ番組、『チャーリーズ・エンジェル』の初代主演女優ファラ・フォーセットのメイクといわれている。メイクだけでなく、彼女のレイヤードヘアをまねたサーファーカットも、若い女性たちの間で大流行した。

サーファーメイクは昭和五十八年頃まで流行していたが、その一方で、五十年代に入ると肌の研究が進み、紫外線が皮膚の老化やシミ・ソバカスの原因になることが、あきらかになってきた。化粧品会社はこの頃から、UV（紫外線）カット効果のある日焼け止めクリームやファンデーションの開発に力を入れはじめた。そこで導入されたのがSPF（紫外線防御指数）である。

SPFとは、紫外線を防ぐ効果のレベルをあらわす数値で、その値が高いほど効果も高い。アメリカ食品医薬品局（FDA）など、欧米が先行していたこの基準値を、日本で最初に採用したのは資生堂で、昭和五十五年に「ＳＰＦ６」を表示した日焼け止め化粧品を発売。その後、他社もＳＰＦを表示するようになった。

さらに、昭和六十年代にオゾンホールの問題があきらかになり、「夏は日焼け肌」から「夏も焼かない肌」への路線変更を決定的なものにした。オゾン層の破壊によって有害な紫外線が増加すると、皮膚がんのリスクが高まることが指摘され、世界的に「紫外線は肌によくない」という意識が高まったのである。昭和六十三年の夏から、日本気象協会が、首都圏の紫外線情報をテレビやラジオで提供しはじめたことからも、紫外線対策の必要性を社会全体が認識しはじめたことがわかるだろう。

昭和六十年代になると、化粧品会社は、ＵＶカット効果の高いファンデーションを競って発売している。そして元号が変わって平成二年（一九九〇）の夏、カネボウが「トレンドは白」のキャッチコピーで夏のファンデーションを訴求したまさにこの年から、美白化粧品のブームがはじまり、女性たちはふたたび白肌志向へと戻っていったのである。

変容する化粧のかたち――エピローグ

変わるもの、変わらないもの

ここまで読み進めると、長い歴史のなかで、日本の化粧が海外との関係や政治体制、経済発展、そして戦争など、さまざまな社会の影響をうけながら、その形を変えてきたのがおわかりいただけたと思う。ファッションは時代を映す鏡とよくいわれるが、顔という小さなキャンバスに描かれた化粧もまた、時代を映す鏡なのである。

最後に、これまで述べてきた日本の化粧を総括してみよう。通史という大きな視点でみると、日本の化粧は三つに分けることができる。それは、①古墳時代から平安時代前期、②平安時代中期から江戸時代、③明治時代から現代までの三つの区分である。

海に囲まれた日本は、中国大陸や朝鮮半島の進んだ文化を、あこがれをもって吸収してきた。①の古墳時代から平安時代前期は、海外からの新しい文化を受け入れて、大陸風の化粧が導入された時期である。

中国や朝鮮半島を経由して伝えられた化粧は、次のステップとして日本人の美意識に合う形につくり変えられ、長い時間をかけて伝統化粧として確立していった。それが②の平安時代中期から江戸時代にかけてである。

化粧は日本独自の発達を遂げ、江戸時代には身分や年齢、未既婚、子どもの有無などを区別する社会的機能を持った。これらのルールに従って、結婚や出産を機に化粧を変えていくことにより、女性たちは娘から妻、妻から母へと変わっていくみずからの立場を自覚したのだった。

江戸時代に確立した伝統化粧に、ふたたび海外から新しい風が吹き込まれたのが③の明治時代である。この時、手本になったのは、当時の先進国である欧米列強だった。近代国家へと変わろうとする明治政府は、欧米列強に追いつくために、トップダウンで欧化政策を進めていった。化粧を含む風俗全般もその影響をうけ、明治以降の化粧は西洋化に向けて歩みはじめる。

とりわけこの時期に、日本が西洋から学んだ科学技術は、化粧品産業に大きな進歩をもたらした。明治以降、科学（なかでも化学）と化粧品は車の両輪のように密接に結びつき、次々と近代化粧品を開発していった。

科学が化粧品の進化を支えるようになったという点においても、明治時代は日本の化粧の転換期だったといえるだろう。

化粧における西洋化のスピードは、明治・大正・昭和前期はゆっくりとしたペースだった。洋風化粧を少しずつとりこむ和洋折衷の時代を経て、太平洋戦争における敗戦を契機に、日本の化粧はその後二〇年ほどで急速に欧米化して現在に至っている。

その一方で、欧米の化粧を手本にしたとはいっても、私たちの美意識には、いまだに伝統化粧のなごりがあるのも事実である。その代表的な例が白肌志向である。シミのない白い素肌にあこがれて、スキンケアやベースメイクに気を配る化粧意識は江戸時代から変わらず、現代でも脈々と受け継がれている。

「見た目」志向の浸透

本書では記述の終わりを昭和末期に設定した。しかし、平成になってすでに四半世紀以上が過ぎ、この間にも化粧の流行は刻々と移り変わってきた。それとともに、これまで受け継がれてきた伝統的な化粧観に、新たな変化が生じている。そこで、平成の化粧の動向について、最後に少しつけ加えておきたい。

平成元年は一九八九年。二十世紀の最後にあたる平成十二年（二〇〇〇）を節目に、それまでの化粧を振り返ると、一〇年少々という短い間にもかかわらず、美白ブーム、茶髪《ちゃぱつ》ブーム、コギャルからはじまった細眉の流行、目を強調する「目力メイク」など、さまざまな流行が世間の注目を浴びた。

なかでも、美白ブームが日本女性の白肌志向の強さを再認識させられる出来事だったのに対して、茶髪の流行は、平安時代以降、約千年にわたって続いてきた黒髪の美意識を大きく揺るがした。平成の茶髪ブームを境に、髪を黒以外の明るい色に染めることがおしゃれの一環として一般に認知され、女性のみならず男性の間にも一気に広まったのである。

この短い期間の化粧の特徴を一言であらわすなら、化粧に関する興味関心がこれまでになく高まり、一種の化粧ブームとでもいうべき現象が生じたということができる。その背景に、化粧品を含めたモノであふれかえる消費社会の発達や、消費をあおるマスメディアの影響があるのはいうまでもない。しかし、それとは別の理由として、日本社会に外見を重視する意識が浸透したことが考えられる。

もともと日本では、江戸時代の『女大学』にあるように、「容姿より気だて」と内面重視の考えがベースにあり、たてまえでは化粧はあくまでみだしなみ、礼儀のひとつという意識が強く、化粧する様子も決して他人には見せなかった。道徳的にみれば、化粧によってきれいになるのは、ひそかにするもので、個人が表だって吹聴することではなかったのである。

ところが、昭和末期に、こうした内面重視の考え方の対極ともいえる、「なりたい自分になるためには見た目も重要」というアメリカ流の価値観が入ってきた。

ファッションや化粧の分野でこの考え方を提唱したのが、当時新しい職業だったカラーアナリストやイメージコンサルタントである。彼らはアメリカの理論を導入した洋服のカラーコーディネート、似合う色を探すメイクアップ指導、立ち居振る舞いのアドバイスなどを通して、外見の重要性を説いた。

顧客になったのは一般女性はもちろんのこと、選挙用にイメージ戦略が必要な政治家や、社会的地位の高い男性管理職なども含まれていた。「女性だけでなく男性も外見を気にする時代がやってきた」と、この話題は新聞や雑誌でもしばしば紹介され、外見重視の考え方が広まるきっかけになったと思われる。

昭和末期から平成初期といえば、ちょうど男女雇用均等法の施行や、バブル景気の時期に重なっており、社会全体に上昇志向が強かった時代である。「なりたい自分になる」、言い換えれば「自己実現」のためには「見た目」が大事という考え方は、ステップアップを目指す人々の心にストンと落ちたのだろう。

女性の場合、化粧は「見た目」を左右する大きなポイントとなるわけで、この頃から化粧は外見を磨く手段、すなわち美しくなるための手段として、女性誌などでオープンかつポジティブにその意義が語られるようになる。

いつまでも美しく

外見重視の風潮は、当時のテレビCMにもあらわれている。平成七年、女優の瀬戸朝香が「見た目で選んで何が悪いの!」と叫ぶ、コダックのレンズ付きフィルムのCMが、「新語・流行語大賞」のトップテンに選ばれた。このことは「最終的に評価してほしいのは中身にしても、まずは『見た目』」という新しい価値観に、共感を覚える人々が増えたことを示している。「容姿より気だて」ではなく、「見た目」のよさが社会的に公然と、プラスのイメージで評価される時代がやってきたのである。

このような世相を敏感にキャッチして、女性誌では平成十年創刊の『ＶｏＣＥ』を皮切りに、『美的』（十三年創刊）、『ＭＡＱＵＩＡ』（十六年創刊）など「ビューティ・コスメ誌」と分類される、新しいジャンルの月刊誌の出版が相次いだ。

内容は、従来のファッション誌の化粧特集にあきたらない読者をターゲットに、一冊まるごと化粧や美容関連の情報に特化したもので、どの雑誌もきれいになることへのあくなき追求がテーマになっている。これらの雑誌に登場する女優やモデル、メイクアップアーティストなどから「美のカリスマ」とよばれる美容の達人が生まれ、そのメイク術や肌の手入れ法、美しさを保つライフスタイルまでもが注目されている。

それだけでなく、平成に入って急速に普及したインターネット上では、化粧専門のクチコミ投稿サイトも創設された。どの化粧品がいいか、どうやってきれいになるかといった具体的なコメントを書きこむことにより、個人のリアルな化粧情報がネット上で共有化できるようになったのである。

もはや化粧できれいになることは隠すことではない。美しさを獲得する努力のプロセスを含めて、見せて語って賞賛されるものへと、さま変わりしたといえるだろう。

こうした化粧意識の変化に加え、これまで重視されなかったシニア世代向けの化粧品開発が盛んになってきたのも、高齢化社会を迎えた平成の新しい傾向である。「いつまでも若く美しく」と願うシニア世代を巻き込んで、今後も化粧への期待はますます高まっていくことだろう。

そうして私たちは意識しないままに、みずからの顔をキャンバスに、平成の新しい化粧文化をつくり出す一員になっているのである。

あとがき

私と吉川弘文館さんとのご縁は、江戸時代の化粧について原稿を書かせていただいた、二〇年近く前までさかのぼる。当時、私はポーラ文化研究所に在籍しており、日本や欧米の化粧・結髪文化、東西比較などを研究していた。古今東西の化粧道具や書籍に囲まれて、まだ知られていない化粧の歴史を探索した日々は、今振り返っても得がたい経験だったと思っている。

その後、会社を退職したあとも、美容師などプロフェッショナルを対象にした雑誌に、化粧史や結髪史の連載をするなど、美容や化粧に関わる仕事をしながら、興味のあるテーマについて調べ続けてきた。

そうしたなか、ある雑誌の企画で、明治時代以降の美容業界を、パイオニアとして牽引してきた美容家の方々をとりあげて連載する機会をいただいた。草創期に、美容やエステなどの事業を一から立ち上げる苦労、戦中戦後の混乱期をくぐり抜けたエピソード、戦後の経済成長期に事業をさらに発展させる努力など、取材を通して浮かび上がるそれぞれの方の波乱万丈のヒストリーは、自分の力を信じて時代を駆け抜ける力強さにあふれていた。同時に、関係者の方からお話を聞くうちに強く感じたのは、すでに昭和という時代が、遠い昔語りの世界になってきたということである。

思えば平成になって四半世紀以上が過ぎ、短期間で流行が移り変わる化粧やヘアスタイルの世界では、昭和末期でさえひと昔前になっている。そろそろ、戦後の化粧についてまとめてみたいと思っていたところに、本書執筆のお話をいただいた。

とはいうものの、本書では、古代から昭和末期までの化粧の流れを一気にたどっている。本の構成を考えるうちに、通史で読み通せるこの分野の本が少ないことから、この際、一冊にまとめてみようと思ったのである。

通史にする上で最も難しかったのは、各章の項目をどう絞り込むかということだった。総ページ数には限りがあるので、最終的に涙をのんで割愛した項目もあるが、コンパクトでも化粧の基本になる部分はしっかり押さえるようにした。

この本の特徴として、引用文献に女性誌のほかに新聞記事を多く用いた点をあげることができる。明治時代以降の化粧の流行をたどる資料として、最もよく引用されるのが女性誌である。女性誌の美容記事は、いつの時代も化粧の新しいトレンドを教えてくれる貴重な資料である。しかし、それらのすべてが一般女性の間に流行したわけではない。

そこで、最先端の流行には少し遅れるものの、世のなかの動きをみてブームになった頃に話題としてとりあげる新聞を併用することにして、『朝日新聞』と『読売新聞』の二紙を中心に、化粧の流行に関する記事を抽出した。あわせて雑誌などの文献も、なるべくこれまでにない新しい資料を提示するように心がけた。

また、戦後の章では、化粧品の出荷実績をもとに伸び率を出して流行の裏づけにした箇所がある。これらのデータは、昭和二十一年から平成三年までは『化粧品工業一二〇年の歩み』本編および資料編の統計から、平成四年以降は経済産業省の『化学工業統計年報』の統計資料をもとに、著者が算出したことをつけ加えておく。

人の心は移り気で、化粧の流行は、あっという間に忘れ去られてしまう。しかし、きれいでいたいと願う心は、今も昔も変わりはない。だからこそ、人は化粧から離れられないのではないだろうか。私自身、この本を書く作業を通して、新しく興味をひかれたテーマがみつかった。これからも、化粧のストーリーを発掘していきたいと思っている。

本書を読み終わったあとで、読者の皆さまが「あっ、そうだったのか」と納得できるような新たな発見がみつかれば、著者としてこの上ない喜びである。

最後になるが、本書を上梓するにあたり、ポーラ文化研究所の元所長小松秀雄氏には、戦後の化粧や化粧品業界に関する資料をご提供いただいた。また、資生堂企業資料館の小泉智佐子氏、ポーラ文化研究所の冨澤洋子氏には、さし絵で使用した図版をお借りするにあたり、アドバイスとご協力をいただいた。ほかにも、多くの方の手助けのおかげで本書は完成した。お世話になったすべての方に、この場を借りて心より感謝申し上げます。

二〇一六年五月

山村博美

おもな参考文献（著者名の五十音順）

E・スエンソン　長島要一訳『江戸幕末滞在記』新人物往来社　一九八九年
池田錦水『化粧の手引』家庭新報社　一九〇六年
石川松太郎編『女大学集』東洋文庫三〇二　平凡社　一九七七年
石田かおり『化粧と人間―規格化された身体からの脱出―』法政大学出版局　二〇〇九年
磯村春子『今の女』文明堂　一九一三年
市毛　勲『朱の考古学』雄山閣　一九七五年
上村松園『青眉抄』求龍堂　一九九五年
内川芳美編『日本広告発達史　上・下』電通　一九七六・一九八〇年
江馬　務『江間務著作集第四巻　装身と化粧』中央公論社　一九八八年
遠藤武・石山彰『図説　日本洋装百年史』文化服装学院出版局　一九六二年
遠藤波津子『正しい化粧と着付』婦女界社　一九二六年
遠藤波津子（四代目）『遠藤波津子の世界―婚礼衣裳―』婦人画報社　一九八五年
奥野高廣『戦国時代の宮廷生活』続群書類従完成会　二〇〇四年
花王石鹼資料室編『年表・花王90年のあゆみ』花王石鹼株式会社　一九八〇年
北川鐵三校注『第二期戦国資料叢書6　島津資料集』人物往来社　一九六六年

喜田川守貞　宇佐美英機校訂『近世風俗志　二』岩波書店　一九九七年
近世風俗研究会『絵本江戸化粧志』近世風俗研究会　一九五五年
宮内庁編『明治天皇紀　第三』吉川弘文館　一九六九年
熊井戸立雄他『ファッションと風俗の70年』婦人画報社　一九七五年
今和次郎・吉田謙吉『モデルノロヂオ　考現学』春陽堂　一九三〇年
今田信一『改訂　最上紅花史の研究』高陽堂書店　一九七九年
今田洋三『江戸の本屋さん―近世文化史の側面―』平凡社　二〇〇九年
佐々木多聞『新化粧』日高有倫堂　一九〇七年
佐山半七丸　高橋雅夫校注『都風俗化粧伝』東洋文庫四一四　平凡社　一九八二年
沢田　章『近世紅花問屋の研究』大学堂書店　一九六九年
C.P.ツュンベリー　高橋文訳『江戸参府随行記』東洋文庫五八三　平凡社　一九九四年
資生堂『資生堂百年史』資生堂　一九七二年
陶　智子『江戸美人の化粧術』講談社　二〇〇五年
陶　智子『前田家の化粧書』桂書房　一九九二年
高橋雅夫『化粧ものがたり』雄山閣　一九九七年
高峰秀子『わたしの渡世日記　上・下』朝日新聞社　一九七六年
丹波康頼撰　槇佐知子全訳精解『医心方　巻二十六　仙道篇』筑摩書房　一九九四年
丹波康頼撰　槇佐知子全訳精解『医心方　巻四　美容篇』筑摩書房　一九九七年

張　競『美女とは何か　日中美人の文化史』角川学芸出版　二〇〇七年
津田紀代・村田孝子『眉の文化史』ポーラ文化研究所　一九八五年
津田紀代・村田孝子『モダン化粧史　装いの80年』ポーラ文化研究所　一九八六年
東京小間物化粧品商報社編『小間物化粧品年鑑』東京小間物化粧品商報社　一九一三年、一九三五〜一九四三年
東京小間物化粧品商報社編『小間物化粧品名鑑』東京小間物化粧品商報社　一九三二年
中田節子　林美一監修『広告で見る江戸時代』角川書店　一九九九年
中山千代『日本婦人洋装史』吉川弘文館　一九八七年
長沢　武『植物民俗』ものと人間の文化史101　法政大学出版局　二〇〇一年
永島今四郎『千代田城大奥』朝野新聞社　一八九二年
成実弘至編『モードと身体—ファッション文化の歴史と現在—』角川学芸出版　二〇〇三年
日本化粧品工業連合会『化粧品工業120年の歩み』日本化粧品工業連合会　一九九五年
日本ペイント株式会社社史編纂室『日本ペイント百年史』日本ペイント　一九八二年
野田只夫「伊勢白粉座と軽粉株」『日本歴史』一〇五号　吉川弘文館　一九五七年
八文舎自笑『役者全書』『歌舞伎叢書　第一集』金港堂　一九一〇年
花咲一男『江戸買物独案内』渡辺書店　一九七二年
花咲一男『諸国買物調方記』渡辺書店　一九七二年
原　三正『お歯黒の研究』人間の科学社　一九八一年

ハリー・牛山『モダン化粧室』寶文館　一九三一年
春山行夫『おしゃれの文化史1　化粧』平凡社　一九八八年
樋口輝雄「明治中期のお歯黒習俗について」『日本歯科医史学会会誌』二六巻三号　二〇〇六年
ヒュー・コータッツィ　中須賀哲朗訳『ある英国外交官の明治維新―ミットフォードの回想―』中央公論社　一九八六年
平尾太郎『平尾贊平商店五十年史』平尾贊平商店　一九二九年
福澤諭吉　慶應義塾編集『福澤諭吉全集』第三巻　岩波書店　一九六九年
藤波芙蓉『新式化粧法』博文館　一九一〇年
ポーラ化粧品本舗『永遠の美をもとめて　ＰＯＬＡ物語』ポーラ化粧品本舗　一九八〇年
ポーラ文化研究所編『浮世絵美人くらべ』ポーラ文化研究所　一九九八年
ポーラ文化研究所編『化粧文化』一〜一四号　ポーラ文化研究所　一九七九〜一九八六年
ポーラ文化研究所編『日本の化粧―道具と心模様―』ポーラ文化研究所　一九八九年
マックス ファクター編『マックス ファクター　メークアップの100年』マックス ファクター プレスルーム　二〇〇九年
松田毅一、Ｅ・ヨリッセン訳『フロイスの日本覚書』中央公論社　一九八三年
水尾順一『化粧品のブランド史』中央公論社　一九九八年
三須　裕『顔をかへるお化粧の仕方』善文社　一九二六年
三須　裕『化粧美学』都新聞社出版部　一九二四年

三田村鳶魚『御殿女中』春陽堂　一九三〇年
三田村蕗子『夢と欲望のコスメ戦争』新潮社　二〇〇五年
棟方明博「化粧と化粧品の変遷」神庭信幸他監修『色彩から歴史を読む』ダイヤモンド社　一九九九年
村澤博人『顔の文化史』講談社　二〇〇七年
村澤博人・津田紀代『化粧史文献資料年表』ポーラ文化研究所　一九七九年
森永卓郎監修『明治・大正・昭和・平成　物価の文化史辞典』展望社　二〇〇八年
山村博美「江戸時代の化粧」江戸遺跡研究会編『江戸文化の考古学』吉川弘文館　二〇〇〇年
山村博美「美のパイオニアたち」『エステネット』五一・五二・五五号　新美容出版　二〇〇八・二〇〇九年
山本桂子『お化粧しないは不良のはじまり』講談社　二〇〇六年
湯原美陽子『王朝物語文学における容姿美の研究』有精堂　一九八八年
ラザフォード・オールコック　山口光朔訳『大君の都』岩波書店　一九六二年
リチャード・コーソン『メークアップの歴史』ポーラ文化研究所　一九八二年
渡辺信一郎『江戸の化粧　川柳で知る女の文化』平凡社　二〇〇二年

このほかにも多くの書籍や論文、雑誌、新聞、そして化粧品会社や美容業界の公式ウェブサイトを参考にさせていただきました。

著者紹介

一九六一年　山口県に生まれる

一九八三年　東京女子大学文理学部英米文学科卒業

現在　著述業、化粧文化研究家

主要著書・論文

『世界の櫛』（共著、ポーラ文化研究所、一九九六年）

『浮世絵美人くらべ』（共著、ポーラ文化研究所、一九九八年）

「江戸時代の化粧」（江戸遺跡研究会編『江戸文化の考古学』吉川弘文館、二〇〇〇年）

歴史文化ライブラリー
427

化粧の日本史

美意識の移りかわり

二〇一六年（平成二十八）六月一日　第一刷発行

二〇二五年（令和　七　）四月一日　第五刷発行

著　者　山《やま》村《むら》博《ひろ》美《み》

発行者　吉川道郎

発行所　株式会社　吉川弘文館

東京都文京区本郷七丁目二番八号

郵便番号一一三―〇〇三三

電話〇三―三八一三―九一五一〈代表〉

振替口座〇〇一〇〇―五―二四四

https://www.yoshikawa-k.co.jp/

印刷＝株式会社 平文社

製本＝ナショナル製本協同組合

装幀＝清水良洋・李生美

ISBN978-4-642-05827-8

歴史文化ライブラリー

1996. 10

刊行のことば

現今の日本および国際社会は、さまざまな面で大変動の時代を迎えておりますが、近づきつつある二十一世紀は人類史の到達点として、物質的な繁栄のみならず文化や自然・社会環境を謳歌できる平和な社会でなければなりません。しかしながら高度成長・技術革新にともなう急激な変貌は「自己本位な刹那主義」の風潮を生みだし、先人が築いてきた歴史や文化に学ぶ余裕もなく、いまだ明るい人類の将来が展望できていないようにも見えます。このような状況を踏まえ、よりよい二十一世紀社会を築くために、人類誕生から現在に至る「人類の遺産・教訓」としてのあらゆる分野の歴史と文化を「歴史文化ライブラリー」として刊行することといたしました。

小社は、安政四年（一八五七）の創業以来、一貫して歴史学を中心とした専門出版社として書籍を刊行しつづけてまいりました。その経験を生かし、学問成果にもとづいた本叢書を刊行し社会的要請に応えて行きたいと考えております。

現代は、マスメディアが発達した高度情報化社会といわれますが、私どもはあくまでも活字を主体とした出版こそ、ものの本質を考える基礎と信じ、本叢書をとおして社会に訴えてまいりたいと思います。これから生まれでる一冊一冊が、それぞれの読者を知的冒険の旅へと誘い、希望に満ちた人類の未来を構築する糧となれば幸いです。

吉川弘文館

歴史文化ライブラリー

歴史文化ライブラリー

大極殿の誕生 古代天皇の象徴に迫る―重見 泰
国分寺の誕生 古代日本の国家プロジェクト―須田 勉
東大寺の考古学 よみがえる天平の大伽藍―鶴見泰寿
海底に眠る蒙古襲来 水中考古学の挑戦―池田榮史
よみがえる東北の城 考古学からみた中世城館―飯村 均
中世かわらけ物語 もっとも身近な日用品の考古学―中井淳史
ものがたる近世琉球 喫煙・園芸・豚飼育の考古学―石井龍太

古代史

邪馬台国の滅亡 大和王権の征服戦争―若井敏明
日本語の誕生 古代の文字と表記―沖森卓也
日本国号の歴史―小林敏男
日本神話を語ろう イザナキ・イザナミの物語―中村修也
六国史以前 日本書紀への道のり―関根 淳
東アジアの日本書紀 歴史書の誕生―遠藤慶太
〈聖徳太子〉の誕生―大山誠一
倭国と渡来人 交錯する「内」と「外」―田中史生
大和の豪族と渡来人 葛城・蘇我氏と大伴・物部氏―加藤謙吉
物部氏 古代氏族の起源と盛衰―篠川 賢
東アジアからみた「大化改新」―仁藤敦史
よみがえる古代山城 国際戦争と防衛ライン―向井一雄
よみがえる古代の港 古地形を復元する―石村 智
古代氏族の系図を読み解く―鈴木正信
古代豪族と武士の誕生―森 公章
飛鳥の宮と藤原京 よみがえる古代王宮―林部 均
出雲国誕生―大橋泰夫
古代出雲―前田晴人
古代の皇位継承 天武系皇統は実在したか―遠山美都男
壬申の乱を読み解く―早川万年
苦悩の覇者 天武天皇 専制君主と下級官僚―虎尾達哉
戸籍が語る古代の家族―今津勝紀
古代の人・ひと・ヒト 名前と身体から歴史を探る―三宅和朗
疫病の古代史 天災、人災、そして―本庄総子
万葉集と古代史―直木孝次郎
郡司と天皇 地方豪族と古代国家―磐下 徹
地方官人たちの古代史 律令国家を支えた人びと―中村順昭
采女 なぞの古代女性 地方からやってきた女官たち―伊集院葉子
古代の都はどうつくられたか 中国・日本・朝鮮・渤海―吉田 歓
平城京に暮らす 天平びとの泣き笑い―馬場 基
平城京の住宅事情 貴族はどこに住んだのか―近江俊秀
すべての道は平城京へ 古代国家の〈支配の道〉―市 大樹

歴史文化ライブラリー

都はなぜ移るのか 遷都の古代史——仁藤敦史
古代の都と神々 怪異を吸いとる神社——榎村寛之
聖武天皇が造った都 難波宮・恭仁宮・紫香楽宮——小笠原好彦
藤原仲麻呂と道鏡 ゆらぐ奈良朝の政治体制——鷺森浩幸
古代の女性官僚 女官の出世・結婚・引退——伊集院葉子
〈謀反〉の古代史 平安朝の政治改革——春名宏昭
皇位継承と藤原氏 摂政・関白はなぜ必要だったのか——神谷正昌
王朝貴族と外交 国際社会のなかの平安日本——渡邊 誠
源氏物語を楽しむための王朝貴族入門——繁田信一
源氏物語の舞台装置 平安朝文学と後宮——栗本賀世子
陰陽師の平安時代 貴族たちの不安解消と招福——中島和歌子
平安貴族の仕事と昇進 どこまで出世できるのか——井上幸治
平安朝 女性のライフサイクル——服藤早苗
平安貴族の住まい 寝殿造から読み直す日本住宅史——藤田勝也
平安京のニオイ——安田政彦
平安京の生と死 祓い、告げ、祭り——五島邦治
平安京はいらなかった 古代の夢を喰らう中世——桃崎有一郎
天神様の正体 菅原道真の生涯——森 公章
平将門の乱を読み解く——木村茂光
古代の神社と神職 神をまつる人びと——加瀬直弥
古代の食生活 食べる・働く・暮らす——吉野秋二
雪と暮らす古代の人々——相澤 央
古代の刀剣 日本刀の源流——小池伸彦
大地の古代史 土地の生命力を信じた人びと——三谷芳幸
時間の古代史 霊鬼の夜、秩序の昼——三宅和朗

中世史

列島を翔ける平安武士 九州・京都・東国——野口 実
源氏と坂東武士——野口 実
敗者たちの中世争乱 年号から読み解く——関 幸彦
戦死者たちの源平合戦 生への執着、死者への祈り——田辺 旬
中世武士 畠山重忠 秩父平氏の嫡流——清水 亮
頼朝と街道 鎌倉政権の東国支配——木村茂光
もう一つの平泉 奥州藤原氏第二の都市・比爪——羽柴直人
源頼家とその時代 二代目鎌倉殿と宿老たち——藤本頼人
六波羅探題 京を治めた北条一門——森 幸夫
大道 鎌倉時代の幹線道路——岡 陽一郎
仏都鎌倉の一五〇年——今井雅晴
鎌倉北条氏の興亡——奥富敬之
鎌倉幕府はなぜ滅びたのか——永井 晋
武田一族の中世——西川広平

歴史文化ライブラリー

相馬一族の中世 — 岡田清一
三浦一族の中世 — 高橋秀樹
伊達一族の中世 「独眼龍」以前 — 伊藤喜良
弓矢と刀剣 中世合戦の実像 — 近藤好和
その後の東国武士団 源平合戦以後 — 関　幸彦
曽我物語の史実と虚構 — 坂井孝一
鎌倉浄土教の先駆者 法然 — 中井真孝
親　鸞 — 平松令三
親鸞と歎異抄 — 今井雅晴
畜生・餓鬼・地獄の中世仏教史 因果応報と悪道 — 生駒哲郎
神や仏に出会う時 中世びとの信仰と絆 — 大喜直彦
神仏と中世人 宗教をめぐるホンネとタテマエ — 衣川　仁
神風の武士像 蒙古合戦の真実 — 関　幸彦
鎌倉幕府の滅亡 — 細川重男
足利尊氏と直義 京の夢、鎌倉の夢 — 峰岸純夫
高　師直 室町新秩序の創造者 — 亀田俊和
新田一族の中世 「武家の棟梁」への道 — 田中大喜
皇位継承の中世史 血統をめぐる政治と内乱 — 佐伯智広
地獄を二度も見た天皇 光厳院 — 飯倉晴武
南朝の真実 忠臣という幻想 — 亀田俊和
信濃国の南北朝内乱 悪党と八〇年のカオス — 櫻井　彦
中世の巨大地震 — 矢田俊文
大飢饉、室町社会を襲う! — 清水克行
中世の富と権力 寄進する人びと — 湯浅治久
中世は核家族だったのか 民衆の暮らしと生き方 — 西谷正浩
中世武士の城 — 齋藤慎一
戦国の城の一生 つくる・壊す・蘇る — 竹井英文
九州戦国城郭史 大名・国衆たちの築城記 — 岡寺　良
戦国期小田原城の正体 「難攻不落」と呼ばれる理由 — 佐々木健策
上杉謙信の本音 関東支配の理想と現実 — 池　享
徳川家康と武田氏 信玄・勝頼との十四年戦争 — 本多隆成
戦国大名毛利家の英才教育 元就・隆元・輝元と妻たち — 五條小枝子
戦国大名の兵粮事情 — 久保健一郎
戦国時代の足利将軍 — 山田康弘
足利将軍と御三家 吉良・石橋・渋川氏 — 谷口雄太
〈武家の王〉足利氏 戦国大名と足利的秩序 — 谷口雄太
室町将軍の御台所 日野康子・重子・富子 — 田端泰子
名前と権力の中世史 室町将軍の朝廷戦略 — 水野智之
摂関家の中世 藤原道長から豊臣秀吉まで — 樋口健太郎
戦国貴族の生き残り戦略 — 岡野友彦

歴史文化ライブラリー

鉄砲と戦国合戦——宇田川武久
検証 川中島の戦い——村石正行
検証 長篠合戦——平山 優
検証 本能寺の変——谷口克広
明智光秀の生涯——諏訪勝則
加藤清正 朝鮮侵略の実像——北島万次
落日の豊臣政権 秀吉の憂鬱、不穏な京都——河内将芳
豊臣秀頼——福田千鶴
天下人たちの文化戦略 科学の眼でみる桃山文化——北野信彦
イエズス会がみた「日本国王」 天皇・将軍・信長・秀吉——松本和也
海賊たちの中世——金谷匡人
琉球王国と戦国大名 島津侵入までの半世紀——黒嶋 敏
天下統一とシルバーラッシュ 銀と戦国の流通革命——本多博之

近世史

江戸城の土木工事 石垣・堀・曲輪——後藤宏樹
慶長遣欧使節 伊達政宗が夢見た国際外交——佐々木 徹
徳川忠長 兄家光の苦悩、将軍家の悲劇——小池 進
女と男の大奥 大奥法度を読み解く——福田千鶴
大奥を創った女たち——福田千鶴
江戸のキャリアウーマン 奥女中の仕事・出世・老後——柳谷慶子
江戸に向かう公家たち みやこと幕府の仲介者——田中暁龍
細川忠利 ポスト戦国世代の国づくり——稲葉継陽
家老の忠義 大名細川家存続の秘訣——林 千寿
隠れた名君 前田利常 加賀百万石の運営手腕——木越隆三
明暦の大火 「都市改造」という神話——岩本 馨
〈伊達騒動〉の真相——平川 新
江戸の町奉行——南 和男
大名行列を解剖する 江戸の人材派遣——根岸茂夫
江戸大名の本家と分家——野口朋隆
江戸の武家名鑑 武鑑と出版競争——藤實久美子
武士という身分 城下町萩の大名家臣団——森下 徹
旗本・御家人の就職事情——山本英貴
武士の奉公 本音と建前 江戸時代の出世と処世術——高野信治
近江商人と出世払い 出世証文を読み解く——宇佐美英機
犬と鷹の江戸時代 〈犬公方〉綱吉と〈鷹将軍〉吉宗——根崎光男
武人儒学者 新井白石 正徳の治の実態——藤田 覚
土砂留め奉行 河川災害から地域を守る——水本邦彦
外来植物が変えた江戸時代 里湖・里海の資源と都市消費——佐野静代
闘いを記憶する百姓たち 江戸時代の裁判学習帳——八鍬友広
江戸時代の瀬戸内海交通——倉地克直

歴史文化ライブラリー

近・現代史